子どもと出会う

吉田章宏

目次

はじめに

「こんにちは。みなさま、ようこそおいで下さいました。」

ご縁あってか、今、このページを開いてご覧くださっている、この本の読者の一人である「あなた」に、まず、著者の「わたくし」から、ごあいさつ申し上げます。

さて、この本の中で、読者のあなたと著者のわたくしとは、これからご一緒に旅に出ることにいたしたいと存じます。もちろん、この旅は新幹線や飛行機や遊覧船に乗ってする「身体の旅」ではありません。絵を見、文字を読む目を、そして心を、働かせてする「心の旅」です。そして、この旅の行き先は「子どもと出会う」という世界です。

まず、「あなた」と「わたくし」との、これからのお互いの「呼び名」を決めておきましょう。この本を書く著者である「わたくし」のことは「ぼく」、つまり「僕」、と呼ぶことに決めさせて下さい。それから、読者の「あなた」のことを、「あなた」とお呼びすることにさせていただきます。著者である「わたくし」が自分のことを「僕」と呼ぶのは、一つには「ぼく」が男性だからです。もう一つ、「僕」には、「公僕」、「従僕」、「下僕」……などというように、「僕」(しもべ)という意味もあり、あなたの旅にお供する「しもべ」という意味も込めたいからです。でも、少し改まった時には、「わたくし」、「私」と呼ぶかも知れません。で、あなたと僕は、「僕たち」や「私たち」です。

この本では、読者である「あなた」に、著者の「僕」がお供する旅を通して、「子どもと出会う」の世界へ、その「疑似現実体験の世界」へ、ご案内することに努めたいと、僕は願っています。この「子どもと出会う」の世界には、この世界を成り立たせているたくさんの世界が、学問的に正確に言えば、さまざまな「下位世界」が、あります。(「下位世界」という言葉と考え方は、William James の *The Principles of Psychology* (Harvard UP. 1981.) の Chapter XXI The Perception of Reality. の "The various orders of reality" での「多くの世界：many worlds」の考え方に学んでいます。また、Alfred Schutz and Thomas Luckmann. の *The Structures of the Life-World* (Northwestern UP. 1973.) の "The stratifications of the Life-World" の章、殊に、Provinces of Reality with Finite Meaning-Structures. に、その「多元的現実」(Multiple Realities) の思想に、学んでいます。後者は、体系的で、たいへん優れた本ですが、まだ邦訳はされていないようです。同じ Schutz の *Collected Papers.* の邦訳は、東京のマルジュ社からすでに出版されており、その中の「多元的現実論」の章を読むことができます。より一般的な書物で、人間の「生きられた世界」を扱っているものとしては、『人間ひとりひとり』(V・ベルク、早坂泰次郎ほか訳、現代社、一九七六年)や『現象学的心理学』(E・キーン、吉田章宏・宮崎清孝共訳、東京大学出版会、一九八九年)などがあります。

これからは、いちいち「下位世界」などと書くのもわずらわしいので、誤解の恐れがない限り、簡潔に、「世界」とだけ書く場合があることも、お許し下さい。

さて、僕たちが一緒に旅する、「子どもと出会う」の世界も、僕やあなたの世界の一つの下位世界です。そして、この下位世界はこれまた、多種多様な無数の下位世界から成り立っているという事情があります。そうしたさまざまな下位世界を、これからご一緒に、つぎつぎと旅しようというわけなんです。

では、そのように旅して、僕とあなたは一体全体、何をしようと言うのでしょうか。

それは、僕たちが、この本のなかで、「子どもと出会う」の「疑似現実体験の世界」の、幾多の下位世界の旅を終えて、僕たちが生きている世界のもう一つの下位世界である「現実世界」に立ち帰った時、そして、僕とあなたが、その現実世界で現実に「子どもと出会う」とき、その時々の「出会い」を、僕とあなたが共に新たな目で見、新たな心で感じ、新たな頭で考えるようになること、そういうことを引き起こそう、というのです。それは、一人の「子どもと出会う」という経験を、次のウィリアム・ブレイクの詩の謳う「一粒の砂……」のように、そして「一輪の野の花……」のように、見ること、感じること、考えることとです。そして、その一人の「子ども」との「出会い」を、あなたも僕も、楽しんで、その子も僕たちも、それぞれの現実世界をさらに豊かに生きることができるようになることとです。そのようなことが起こることを願って、これからのこの旅にご一緒に出発しよう、と言うわけなんです。

さーて、じゃー、まず最初に訪れるのは、そのブレイクの詩の世界です。ブレイク自身の英語の言葉では、こうなっています(W・ブレイク作『無垢の前兆』)。

To see a World in a Grain of Sand
And a Heaven in a Wild Flower,
Hold Infinity in the palm of your hand
And Eternity in an hour. (From "Auguries of Innocence" by William Blake)

わかり易い和訳、でも、詩人じゃない僕ゆえに、当然、拙い訳を試みてみますと……。

一粒の砂のうちにも[一つの]世界を見、
そして、一輪の野の花のうちにも[一つの]天国を見るために、
あなたの手のひらのなかに無限を、
そして、一時間のうちに永遠を、つかみなさい

「一粒の砂」も「一輪の野の花」も、「だれにでも近づける、だれにでもわかっているもの」(ショウペンハウエル、斎藤忍随訳『読書について』岩波文庫、三五ページ)です。ブレイクは、それらの日常的で平凡で些細な小さな物事に、世界や天国を見るための術(すべ)を謳い、その驚きと喜びを謳っているようです。ふと気がついて見ると、この詩の心は、仏教の

「華厳経」というお経の「一即多、多即一」という教え、「微塵のなかに一切を見る」という心にも通じているようです。それは、「時間的にいえば一念のなかに永遠を見、空間的には一点の中に全世界を包摂する」(鎌田茂雄『華厳の思想』講談社学術文庫、九〇ページ)ということです。ブレイクの詩の世界と、華厳経の世界とは、この点では、準同型である、つまり、形がおおよそ似ている、ということになりそうです。でも、面倒な理屈は、まあ、どうでもいいじゃーありませんか。「一粒の砂のなかに一つの世界を見る」。僕たちに、それが、実際にできるようになるか、そして、するようになるかどうか、この一点に、すべてがかかっています。

僕たちの旅は、実は、見たことも聞いたこともないような世界の珍事を見聞するための旅ではありません。時にはそういうめずらしい出来事も多少は含めながら、大多数は日常的で平凡で些細な出来事である「子どもと出会う」という出来事を、「一粒の砂……」あるいは「一輪の野の花……」として見ることを、そして、そこに、「世界」と「天国」を見ることを、望み、願い、目指す旅です。そして、そのように感じること、見ること、考えること、生きること自体は、これまた、「子どもと出会う」の世界の中での小さな出来事です。そのような小さな出来事を、短い時間で、たくさん、しかもできる限り深く味わいたい、というのが、この旅で果たしたい望みと願いです。その旅立ち前の僕たちには、それがどんなことだか、まだ、わかるはずはありませんよね。ただ、ぼーんやりと、こんなことかなあー、と感じることはできるでしょう。でも、それだけでも、もう、僕たちは、きっと、「子どもと出会う」の世界の入り口の前に立っているんです。

この本では、『『子どもと出会う』の世界』が小さな世界であるとしても、そのすべての下位世界を巡ることはとてもとてもできません。あまりに沢山あり過ぎて、そのすべてを訪ねるには、時間がまったく足りないからです。中でも、あなたにとって、最も大切で、大事で、重要な、ある一つの下位世界には、僕はどうしてもご一緒にお供することが許されていません。で、その世界は、この本のなかには絶対に現れてきません。この、この本には絶対に姿を現さない世界、それは、どんな下位世界であるか、おわかりでしょうか。これは、一つの問いです。あなたのお答えは？　それは……。そうです、あなたが、あなた自身が、もっとも親しんでいらっしゃる世界、つまり、あなた自身が『『子どもと出会う』世界』です。そして、実は、これこそが、あなたにとっては、最も大事な世界であるはずです。この世界は、あなたがこの本をお読みになる前まで、あなたが生きて来た世界です。また、この本を読み終えた後も、あなたが現実に生きて行くことになる世界です。そして、それは、この世でかけがえのない、あなた自身の独自な世界です。この絶対に、この本には姿を現さない世界に、あなたは、この本の世界から、いつか帰還なさる運命にあります。そしてその時、そのあなたの「現実」の世界と、この本の「現実と虚構」の世界とが、あなたの生きていらっしゃる「あなたの世界」の中で、溶け合い、響き合って、あなた自身の生きていらっしゃる世界全体がいっそう豊かになること、それが僕の願いです。

そこで、この本で僕たちが訪れる世界のなかでの生き方について、ちょっと……。

あなた自身が『「子どもと出会う」』の世界」は、「現実の世界」です。この本では、事実に基づく「現実の世界」だけでなく、想像に基づく「虚構の世界」も訪れます。たとえば、それは、小説、物語、詩、おとぎ話、劇映画、……などの「虚構の世界」です。「現実の世界」であれ「虚構の世界」であれ、いずれにせよ、その世界は、あなたにとって、まるで「現実の世界」のようにも、なりうるのです。確かに、言うまでもなくあなた自身の

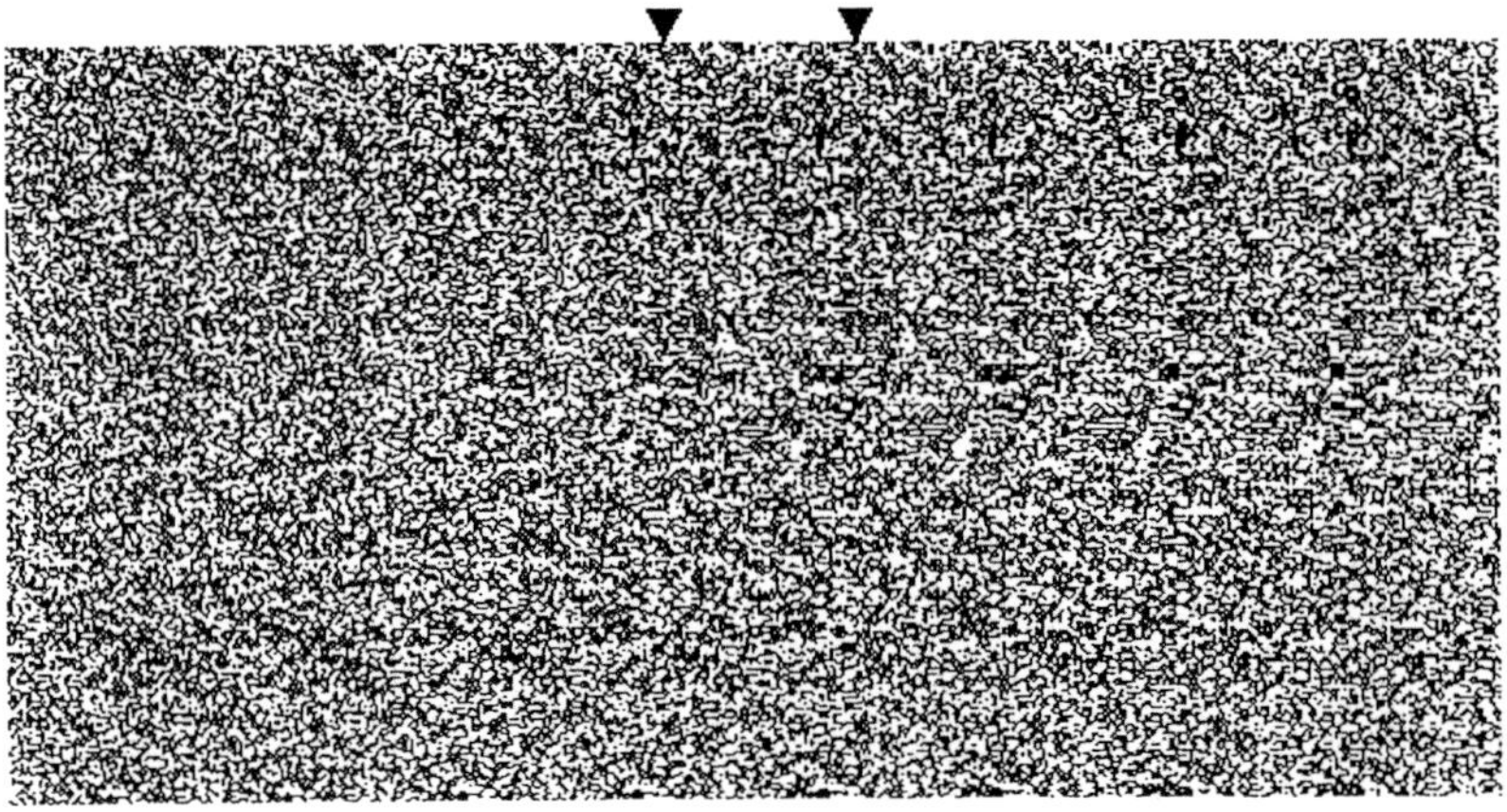

2つの▼が3つに見えるように焦点を合わせると文字が浮き上がります.

「疑似現実の世界」

「現実の世界」ではありません。しかし、まるで「現実の世界」のようにもなりうるのです。「実は、現実ではないのに、あたかも現実の世界のように生きられる世界」を、何と呼びましょうか。そう、「疑似現実の世界」とでも呼ぶことにしませんか。「疑似現実」(Virtual Reality)って、ご存じですか。

ここに、石碑の写真が二枚並んでいます。「共に育ちましょう」と刻まれている、日本の教育者、芦田恵之助の教育遺碑です。北海道小樽市の緑小学校にあります。さて、この写真を、二枚の同じ写真が並んでいると見ている間は、実は、あなたは、現実の写真を写真として見ているに過ぎないのです。そこで、次に、こんなことを試みてみて下さい。右側の写真は、右目だけで、左側の写真は、左目だけで見るという試みです。慣れない方には、なかなか難しいかも知れません。でも、まあ、何とかやってみて下さい。すると、どうでしょう、突然、二枚の写真が一枚になって、いや、写真は消えて、あなたが、現実の石碑の前に立って見ているように感じられるという出来事が起こるでしょう。言わば、その瞬間、火花が散って世界が変わったのです。そうです、石碑の周りの草木が、前に出たり後ろに下がったり、奥行きのある現実感が生まれて来るでしょう。これが、「疑似現実感」が生まれるという出来事です。あなたには、「疑似現実の世界」を見ることができましたか。それはすぐ確かめられます。石碑の写真の下の模様のような図柄を見て下さい。この図を、あなたが石碑の二枚の写真を見たのとちょうど同じ見方で、見てみて下さい。何か見えてきましたか。この図から何か意味のある言葉が浮かび上がって来たら、あなたは、石碑の写真の「疑似現実の世界」を見ることができていたのです。何も浮かび上がってこないならば、まだ、あなたは見ることができてはいないのかも知れません。いかがでしょうか。

さて、この「『子どもと出会う』の世界」のもろもろの下位世界、「現実の世界」と「虚構の世界」の全体を、「疑似現実の世界」として旅するあなたと僕の旅では、それらの世界に「疑似現実の世界」の住人として住み込むために必要な大事な秘密の鍵があります。その鍵とは、そこに登場する人々になってその世界を生きてみる、そこのさまざまな住人たちの一人ひとりに、あなたがなってしまうということです。冒険小説であれば、あなたが冒険する。恋愛小説だったら、あなたが恋愛する。そういう経験をなさったことがおありでしょう。……そうです。あなたが登場人物に、旅の主人公に、中心人物になるのです。

そして、案内役の「僕」は、「現実の僕」であれ「虚構の僕」であれ、いつもあなたのおじゃまにならないように、できるだけ後ろに下がって、おとなしく控えているつもりです。でしゃばりの僕が、じゃまになった時には、どうぞ遠慮なく、そうおっしゃって下さい。この旅の主人公は、何と言っても、あなた自身なのです。そのようにして旅する世界は、「現実の世界」も「虚構の世界」も、そのすべてが、まるであなた自身の「現実の世界」のようになってしまう。それが「疑似現実の世界」です。そこでは、誰か見知らぬ世界の赤の他人のことではなくて、「あなた自身」のことが、問題となっているのです。なぜなら、あなたは、この疑似現実の世界の住人、主人公、中心人物になってしまうのですから。そのようにお受け取り下さって、あなたの訪ねる「疑似現実の世界」での「疑似現実感」を楽しんでみて下さい。秘密の鍵は、「疑似現実の世界」で、あなたが主人公となってしまうことです。このことを、くれぐれもお忘れになりませんように。

長い口上となりました。どうかお許し下さい。さあ、これから、旅の本番です。ちょっと、冷たい清水で顔と手を洗い、口をすすぎ、大きく一息入れましょう。ではさっそく、ご一緒の旅に出発することと致しましょう。僕も、楽しく、あなたのお供をいたします。

第1幕——起

凡の世界——日常生活の自明性

さあ、僕がお供する、あなたの「『子どもと出会う』世界」への旅立ちです。

僕たちは、いま、あなたの下位世界、平凡なる「凡の世界」、つまり「日常生活の世界」に入って来たところです。この世界で、ご一緒に、しばらく時間を過ごすことにいたしましょう。と申しましても、実は、僕たちは、日常的に、常にすでに、この世界に入れられてしまっています。何もわざわざ、あらためて、特別にどこかに行くという努力はまったく要りません。ところで、この世界では、あなたも僕も、ごく平凡な人の、当たり前の、普通の、目立たない人の、つまり、「江分利 満」(Everyman)氏の、家族の一員であるとしておきましょう。とは言っても、何も、あなたも僕も、自分たちを卑下して、こう言っているわけではありません。僕もあなたも、たとえ、「江分利 満」の家族の一員として、平凡な人間、男女、家庭人、社会人、大人、成人、……であったとしても、あなたは「あなた」、僕は「僕」なんです。そして、僕たちはそのことに誇りをもっています。なにしろ、あなたも僕も、この広大無辺の宇宙で、それぞれに、たった一人しか居ないんですから。

一人ひとりかけがえのない人生、「私の一生」を「今ここで」(here and now) 生きているんですから。ところで、どうかお忘れなく。ここで、僕たちが訪れているのは、「凡の世界」、「平凡な日常生活の世界」のうちでも、そのさらに下位の世界の一つである『子どもと出会う』の世界」だということを。

それにしても、この凡の世界に、取り立てて、あらためて見たり、感じたり、考えたり、論じたりすべきことが、何か隠されているのでしょうか。僕が、あなたが、毎日見ているこの世界、「ああ、この世界のことね。」と言えば、それで、すべてすんでしまいそうなこの世界。わざわざ、あらためて、この世界を訪れるなどと大げさに言うことは無かったんじゃないか、ですって？　確かに、毎日、毎晩、身近で、あまりにも慣れ親しんでいる世界ですものね。いや、本当にそうでしょうか。じゃ、この世界で、ともかく、まず、僕たちは、ご一緒に、ある一人の子どもと「出会う」ことにいたしましょう。

この「日常生活の世界」で、次に掲げた写真にあるような、誰か一人の子どもと、僕たちが「出会う」という出来事が「今ここで」起こったとしましょう。さて、その時、僕たちは、何を見て、何を感じ、何を考えるでしょうか。何も特に変わったことはありませんね。もし、何か、変わったことがあれば、それは、もう、「平凡な日常生活の世界」ではなくなってしまうでしょうから。だから「何もない」。そうです、その通りなのです。でも、せっかくこの世界を僕たち二人で訪れているのですから、もう少し時間をかけて、ゆっくりと、一度考えて見ましょうよ。僕たちの、このような「平凡な出会い」にも、何か、隠されている秘密は無いだろうか、と。

実は、たくさんの秘密がここにも隠されているんです。そのことにお気づきでしょうか。その秘密は、まさに、「平凡」、「当たり前」、「当然」とか「普通」とかいうことの中に隠されているのです。つまり、何が平凡で、当たり前で、当然で、普通なのか、という「問い」によって発見される秘密です。たとえば、「自明性の喪失」を病んでいる分裂病の患者さん(ブラッケンブルグ、木村敏ほか訳『自明性の喪失 分裂病の現象学』みすず書房、一九七八年)であれば、「どうして、それが、当たり前だ、と言えるの?」と問わずにはいられないような「問い」、その「問い」によって発見されることになる「秘密」です。

ここで、僕のような凡人がそれらの「秘密」を見つけるために、重要な呪文のような言葉が、ここにあるちょっと大きい「鍵」に記されています。で、この「鍵」を、あなたに

ある一人の子ども

多種多様な、時間に、空間に、人間に、世間に、……、
あらわす、あらわれる、
多種多様な、おもて、すがた、からだ、こころ、……

持っていただくことにしましょう。この鍵の表面には、こう書いてあります。

「鍵」の表の言葉──「現実とは、無数の可能性のうちの一つの可能性の実現である。それらの無数の可能性のうちのたった一つの可能性が現実化すると、その他のすべての可能性は、当面は、否定され、現実化されず、現実からは消え去ることになる。その意味では、現実とは、その現実となった可能性以外の、現実とならなかった無数の可能性の否定なのである。この現実性の背景には、無数の可能性が黙して控えている。そして、その現実の実現によって否定された、それら黙している無数の可能性を知ると、逆に、その現実の意味が明らかとなる。たとえば、ある物事や出来事Aが現実にあるとする。すると、その現実のAに対応して、Aのほかに、ありえたはずなのだが現実にはならなかった無数の物事や出来事があることになる。つまり、有りうるすべての物事や出来事の集合Pの中から、実際に現れることなく消え去った無数の物事や出来事(PマイナスA)があることになる。それら消え去った物事や出来事(PマイナスA)が何であったかを知ると、その実際にある物事や出来事Aとは、一体何物であるかということが、しだいに分かるようになる」。

それにしても、えらく理屈っぽく長い言葉ですね。じゃ、この「鍵」の裏も見てみまし

ょう。裏には、もうちょっと分かりやすく、こんなふうに書いてあります

「鍵」の裏の言葉——「すべて物事はちょうど以下の如くである。たとえば、一万円のお札一枚をもっていれば、一万円で買えるものなら何でも買える。それで買えるはずのものは世界中に実に無数にある。しかし、その無数の買えるはずのものの中から、どれかたった一つのあるものを実際に買ってしまうと、そのとたん、その一つのもの以外のものはもう何も買えなくなってしまう。ところで、そのあるもの一つを買うために、買うことを諦めた、諦めざるをえなかった、あるいは、買うことなどまったく考えさえもしなかった、などなどの無数の買うことができたはずのものを考えることができる。では、それらのすべてのものとは、それぞれに何であったか。また、それらのどれでもなくて、ほかならぬこれであったのはなぜか。そうしたことを、それらの一つひとつについて知ることによって、実際にその一つを買った人にとっての、そのものの意味が、さらにはまた、そのものを選んで買った人のあり方そのものも、しだいに分かって来るようになる。」

現実性と可能性の重要な関係が、この「鍵」の表裏の言葉に表現されています。

では、この「鍵」を手に、「秘密発見」の僕たちの旅に、さっそく出かけましょう。で

も、僕たちは、慌てて動きまわる必要は少しもありません。じっと座って、よく考えさえすればよいのです。

「日常生活の世界」での「当たり前なこと」、つまり、「自明性」

ここで、この『「子ども』と出会う」の世界で出会ったあの写真の子どもを見て、ただちに見えてくる、この日常生活の世界で「当たり前のこと」、「自明とされていること」は何でしょうか。それはまた、私たちの「鍵」の言葉によれば、写真には現れていない、したがって僕たちの目には見えない、無数の可能性を見ればよいはずです。

「自分の誕生した日までの、遠さ近さ」についての自明性

まず、「子どもにとっては、大人である僕たちにとってと比べて、自らの誕生した日が近い」という自明性をただちに考えることもできるでしょう。

先にも述べましたように、「今ここで」、僕たちは、写真の子どもに実際に出会っている、と想像しています。すると、僕たちは次のようなことを、ごく当然の当たり前のこととし

て受け入れていることに気がつくでしょう。つまり、この子どもが生まれてから今までに経た時間よりも、僕たちが生まれてから今までに経た時間のほうが、より長いということです。言い換えれば、「自らが誕生した日までの、遠さ近さについて言えば、子どもは、僕たちよりも、近いところに位置している」と言えるでしょう。それは、この子が「子ども」である、ということから言える、ごく当然のことです。そして、このことが、まったく当たり前で、当然で自明なことである、ということは、わざわざ、口に出してあらためて言う必要がまったくないほど、あまりにも当然のことだ、とも言えるでしょう。でも、「子ども」と、大人である「僕たち」とのかかわりには、この「当然なこと」が、一つの「秘密」として、隠されていたのです。ささやかですが、最初の「秘密発見」です。

「死ぬ日までの、遠さ近さ」についての自明性

では、「死ぬ日までの、遠さ近さ」についても、同じように言えるでしょうか。

まず、「子どもにとっては、大人である僕たちにとってと比べて、自らの死ぬ日が遠い」ということについて考えてみましょう。

ちょっと考えると、このことも自明であるように思われます。人間の一生の時間の長さは限られています。そして、大人である僕たちはその大きな部分をすでに生きて来たとすれば、子どもは、その大部分の時間をまだ生きて来ていないことになります。とすれば、(A)「子どもにとっては、大人である僕たちにとってと比べて、自らの死ぬ日が遠い」(「僕たちのほうが先に死ぬ」)ということが自明であるようにも、思われるでしょう。

「自らの死ぬ日までの近さと遠さ」について、僕たちは、子どもと比べて、自明なこととして、より近いと感じているでしょうか。それとも、より遠いと感じているでしょうか。たとえば、逆に、(B)「子どもにとっては、大人である僕たちにとってと比べて、自らの死ぬ日が近い」ということはどうでしょうか。日常生活の世界では、それは、小さな可能性と感じられているのではないでしょうか。理屈の上では、順序から言って、大人である僕たちの方が、死ぬ日に近い、つまり先に死ぬ、と考えるほうが、自然であるかもしれません。言い換えれば、この子は、僕たちが死んだ後でも、恐らくさらに生き続けて行くことになるだろう、ということが、ごく当然のこととして、受け入れられているのではないでしょうか。

そのことは、逆に、もし、そうでないことが仮に起こった場合には、つまり、子どもが幼くして、大人である僕たちよりも早く亡くなる、「夭折」する、ようなことが起った場合には、それは普通なことではなく、ある異常なことが起こった、と考えられたり感じられたりするであろう、ということを意味します。してみると、(B)「子どもにとっては、大人である僕たちにとってと比べて、自らの死ぬ日が近い」(「子どもが先に死ぬ」)ということを、当然の自明なこととしては、今ここで、僕たちは受け入れていない、ということが言えそうです。

さて、では、ここで、あらためて「問い」を立ててみましょう。僕たちの日常生活の世界では、(A)と(B)とでは、果たして、どちらが当然で、当たり前で、自明だ、と感じられているでしょうか。単なる論理的な可能性だけを言うなら、(A)も(B)も、どちらも同等の権利をもつはずです。でも、僕たちの日常生活の世界では、どちらかと言えば、どうも気がつかないうちに、(A)のほうを当たり前なこととして、受け入れているようですね。でも、あらためて考えてみると、(A)の「子どもにとっては、大人である僕たちにとってと比べて、自らの死ぬ日が遠い」(「子どもは後に死ぬ」)という自明性は、今日の日本のような平和な社会での日常世界だからこそ言えるということが見えて来ます。それは、限られた状況にある僕たちの日常生活の世界だけで成り立つ自明性だ、ということが見えて来たということになります。

たとえば、事柄が明白で分かりやすくなる極端な極限状況として、あのナチス・ドイツのアウシュヴィッツのような強制収容所での状況を考えてみましょう。「一四歳以下の青少年」で、「労働能力のない、働かせることのできない拘禁者」(アルヴィン・マイヤー、三鼓秋子訳『アウシュヴィッツの子どもたち』思文閣、一九九四年、一七ページ)としての子どもたちは、無用の存在と見なされ、「先に死ぬ」、つまり、先にガス室で殺される運命にありました。そこでは、先の(A)と(B)で言えば、いつの間にか(B)が、当然とされていたことでしょう。言い換えれば、(A)を自明とする僕たちの生きる日常生活の世界は、強制収容所のような(B)を自明とする世界ではない、ということです。

また、今日の世界の国々では、「乳児死亡率」は互いにたいへん異なっています。たとえば、「〇～一歳」については、一九九三年の統計では、五九パーセントの国(モンゴル国)、四五パーセントの国(フイリッピン共和国)などがある一方、三パーセントの国(シンガポール共和国〉、七パーセントの国（オーストラリア、カナダ）などがあるのです。また、「〇～五歳」の「幼児死亡率」についても、同様に、七八％、五九％という高率の国々がある一方では、六％、八％という低率の国々があるのです（『最新世界各国要覧　8訂版』東京書籍、一九九五年による）。幸い、僕たちの国は、低率の国々の仲間に属しています。それだからこそ、僕たちは、「子どもは後で死ぬ」を、自明なこととしているのでしょう。

また、もうひとつ別の極端な場合も考えられるでしょう。たとえば、一九四五年三月十日の夜、東京の下町、本所、深川、浅草……に、タイム・スリップしてみましょう。この夜は、太平洋戦争——当時は「大東亜戦争」と呼ばれていましたが——で、東京の下町が、アメリカ空軍の大空襲を受けた夜です。すると、目の前の子どもの命は、風前の灯と見え始めることでしょう。今夜のこの大爆撃による大火災を、この子どもは果たして生き延びられるかどうか。ああ、すぐその町角まで、猛火は迫って来ています。熱風が通りを渦を巻いて吹き荒れている。どっちを向いても、もう逃げ道はないのです（たとえば、石川光陽、森田写真事務所編集『〈グラフィック・レポート〉東京大空襲の全記録』岩波書店、一九九二年三月十日、八二—九七ページ参照）。そのような状況の下では、大人の僕たちも助からないかもしれない。

が、か弱いこの子どもが、（B）「先に死ぬ」のではないかという思いが、僕たちの脳裏をかすめます。実際、あの翌日の焼け跡に残された多数の黒焦げの死体の山の中には、――翌日撮影された写真を見ると、――幼い子どもたちの焼死体が、無数に見られます。親に手を引かれなければ逃げられないような幼い子どもたちにとって、あの火の海を逃れることは、大人たち以上に、不可能に近いことだったに違いないのです。

ふと、タイム・スリップから、現在の世界に立ち返ってみても、現在、世界のどこかで、戦火にさらされている国々の子どもたち、あるいは、飢饉に追い詰められている国々の痩せ衰えあばら骨が飛び出しているような子どもたちの顔々も、私の瞼に浮かんで来ます。自らも飢えに苦しんでいる親の保護に頼らざるをえない、幼くひ弱な子どもたちは、大人たちよりも、はるかに死に近いのではないでしょうか。またふと、フランス映画『禁じられた遊び』の少女ポレットの置かれた心細い状況も思い起こされます。

そして、もう一度、写真の中の目の前のこの子どもと対面してみましょう。

すると、こんなことが見えてきます。僕たちが出会っているこの写真の子どもが、子どもの「死への近さ」を僕たちに直ぐには感じさせないということは、それだけ、僕たちの

「日常生活の世界」の根底に、平和な世界が、自明性として横たわっていることを意味しているのだ、と言うことです。そして、この平和な生活世界を当然の自明性として、何も疑うことなく享受してしている、僕たちの状況が見えてきます。一枚の写真の中の一人の子どもを見て、僕たちが「自明だとしている世界」(プラス)は何であるかを考えます。そして、そこで僕たちが自明だとしていることを「自明だとはしていない世界」(マイナス)をさまざまに想像してみます。すると、この僕たちの世界は、その『自明だとはしていない世界』ではない世界」(マイナス×マイナス)として再び、新たな姿と装いで、僕たちの前に現れてくることになります。しかも、目の前のこの子どもは、目の前のこの子どもの置かれた状況をそのように見せてくれるだけにはとどまらず、実は、僕たち自身の置かれている状況をも、あらわにして見せてくれていることになるのです。これが、あの「鍵」の裏表の呪文めいた言葉の働きの一つです。

ところで、(A)と(B)は、本当は、どちらが正しいのでしょうか。この目の前の特定の子どもについて言えば、それはどちらか分からない、というのが、実は、正しいのではないでしょうか。フランスの哲学者ジャンケレヴィッチの簡潔な言葉によれば、「死は確か！　日時は不確実」(ジャンケレヴィッチ、仲澤紀雄訳『還らぬ時と郷愁』国文社、一九九四年、一七一ページ)だからです。このことは、あなたにも、目の前の子どもにも、そして、言うまでもなく、お供の僕にも、完全に当てはまることです。幼い子どもだから、死なない、などということは、生身の人間については、まったくないのです。ドイツの哲学者ハイデガーも言います。[Sobald ein Mensch zum Leben kommt, sogleich ist er alt genug zu sterben.]「人間が生を享けるやいなや、死ぬのに年の不足はない」。別の訳の表現では、「人は、生まれるやいなや、死ぬことにかけては資格十分・まったくの玄人・大先輩である」(ハイデガー、松尾啓吉訳『存在と時間』下巻、勁草書房、一九六六年、二六一―二六七ページ)。たとえどんなに幼くとも、死ぬということに関しては、大人に少しも劣らず、立派に十分な資格が備わっているのです。

結局、「子どもが先に死ぬ」も「子どもが後で死ぬ」も、どちらも、同じように不確かです。そして、そのことが不確かであるということは、絶対に確かなのです。これが、「死は確か！　日時は不確実」の一つの意味です。

すると、私の「子どもと出会う」の世界は、この確かな「死は確か！　日時は不確実」

を基盤に置いて考えなければならない、ということになるでしょう。お互いに、いつ死に別れることになるか、分からない、ということです。そのことは、「子どもと出会う」における、「今ここで」ということの重要さを教えてくれていることになります。つまり、「今ここで」出会っている、この子どもと私は、再び出会うことはないかも知れないのです。これが最後の出会いかも知れないのです。

では、子ども自身は、このことについて、どう感じたり考えたりしているでしょうか。おそらく、写真の子どもも、健康であるがゆえに、自分のことであれ、僕たちのことであれ、「死ぬ」ことについてなど、ほとんど何も考えていないというのが、僕たちの日常生活の世界における自明性ではないでしょうか。この自明性は、僕たちの『子どもと出会う』の世界」において、どのような意味をもつでしょうか。

それは、この自明性を自明性としない世界を考えることで、明らかになるでしょう。

たとえば、十歳で晩年を過ごす子どもの可能性もあります。「私は、かつて晩年を迎えたことがある。」という言葉で、山田詠美さんは、その作品『晩年の子供』(講談社、一九九一年)を語り始めます。思いもかけず咬まれてしまったその犬が狂犬に違いないと信じ込んで、死と対面して独り悩み苦しんだ数カ月、それが、十歳の少女の経験した「晩年」だったのです。子どもも晩年を経験する場合が有りうるんですね。あるいはまた、現実に、白血病で「死にゆく子どもの世界」もあります(マイラ・ブルーボンド・ランガー、死と子供たち研究会訳『死にゆく子どもの世界』日本看護協会出版会、一九九二年)。その世界では、子どもたちは、自分が大人たちよりも先に死んで行くことを自覚して、死に立ち向かって生きるのです。子どもが死を考えない「健康な世界」は『子どもが死を考える世界』ではない世界」なのです。また、あの「鍵」の言葉による「秘密発見」です。

さて、「日常生活の世界」での「自明性」が成り立っているのは、もちろん、「生や死」についてだけではありません。普段はあらためて考えることなど決してしないような無数の「自明性」から成り立っているのが、「日常生活の世界」なのです。で、再び、あの写真の子どもを目の前にして、さらに「当たり前なこと」発見の旅に出ることにしましょう。

「子どもは、大人の僕たちに比べて、身体が小さい」という自明性

あなたは、「子ども」と言えば、いつの間にか、当然、あなたよりも身体が小さいと思い込んでいるのではないでしょうか。たとえば、目の前の子どもが、「子ども」であるにもかかわらず、身の丈があなたの倍もあるような「大男」か「大女」だったらどうでしょう。あなたは、その「子ども」に出会うとき、ただ圧倒されるような威圧感を覚えるのではないでしょうか。昨今では、子どもが親よりも大きくなることは当たり前にはなりましたがね。でも、たとえば、二、三歳の「子ども」があなたの倍の大きさだったら？　何かひどいことをされはしないかという恐怖心を覚えるかもしれません。そこで、「子ども」があなたよりも身体が小さいということが自明とされ、あなたに威圧感や恐怖心を感じさせないでいる、それが、あなたの日常生活の世界の自明性なのだ、ということが発見されたわけです。それは、もしその身体の小さな「子ども」が暴れ始めても、あなたはご自分の力で、その子を押さえつけることができる、ということがあなたの日常生活の自明性のなかに含まれている、ということです。子どもが「大男」でなくて本当によかったですね。でも、子どもにとっては、果たしてどうでしょうね……。

逆に、もし、目の前の子どもが、普通よりも、さらに小さかったらどうでしょうか。たとえば、仮に、子どもが未熟児として、小さく産まれても、僕たちは、その子どもをやはり「子ども」として、受け入れるでしょう。いっそうの心くばりを向けるべき子どもとして。子どもは小さい、それが、僕たちの日常生活の世界の常識なのでしょう。では、さらに、子どもがあなたの手のひらに乗るくらい小さかったら、つまり、一寸法師のように小さかったら、どうでしょうか。この可能性は、僕たちは普段はほとんど考えない可能性であるように思われます。ということは、日常生活の世界において、子どもの身体の大きさは、僕たちの大きさと比べて、比較的狭い範囲に収まる、のが常識だということでしょう。僕たちが、子どもと出会って、何も特別に驚かない場合、その子どもの身体の大きさはある範囲に収まっていることを意味する、と言ってもよいでしょう。また、一つの自明性が、このようにして、発見されました。

ついでに、身体の大きさの成長の速度にも、僕たちは、一定の自明性を設けている、ということにも注目しておきましょう。もし、小さかった子どもの身体が、一夜にして、大人のあなたにも負けない大きさになったとしたら、あなたは、きっと恐怖で悲鳴をあげることでしょう。逆に、もし仮に、長い年月を経ても、子どもの身体が、少しも大きくならなかったとしたら、何か病気ではないか、と心配し始めることでしょう。そして、今ここで、あなたがそのような心配をしないということは、あなたは、この子どもが、ある適度な速さで、身体が大きくなることを自明なこととして受け入れていることを意味します。たとえ、そんなことを、あらためて自明なこととして、言葉に表すことは、これまで一度もしたことがなくとも……。また、一つの「秘密発見」です。

今ここで、僕たちが出会う子どもについての、たくさんの自明性

こんなふうにして、探して見ると、僕たちが、今ここで出会っている、目の前の子どもについて、多くの自明性を、暗黙のうちに、受け入れていることに気づきます。

たとえば、「子どもは、大人の僕たちに比べて、腕力が弱い」という自明性はどうでしょうか。もし、目の前の子どもが、健康な大人であるあなたにも持てないような重い荷物を軽々と持ち上げたら、あなたは、きっと、びっくりするでしょう。逆に、あなたに持てるような軽い荷物を、仮に持てなかったとしても、あなたは少しも驚かないでしょう。こうして、僕たちにとっての自明性が一つ発見されます。

「子どもに、魔力などはない」という自明性はどうでしょう。グレゴリー・ペック主演

の米映画「オーメン」の不気味さは、魔力そのものの不気味さであるとともに、その持ち主が子どもであることに、いっそうの不気味さがあるのでしょう。一つの自明性発見です。

では、「子どもは、大人の私に比べて、社会的な権力は弱い」はどうでしょう。日常生活ではその通りです。でも、たとえば、その子どもが、専制的な政治権力者の息子、皇帝のご子息の皇太子、殿様の子息……のように、絶大な社会的権力を将来に約束されている場合には、この自明性は成り立ちません。大人である僕たちは、その子どもに対して恐れの感情を抱くことでしょう。今ここでの社会的権力に直接恐れを抱くというのではないにしても、その背景にある権力者の社会的権力に恐れを抱くかもしれません。そして、また、その子どもの権力者としての将来に、恐れを抱くという場合もありうるでしょう。

さらに、それほど極端な事例の場合でなくても、大人であるあなた自身が勤めている大会社の社長の息子に対するあなたの恐れの存在はどうでしょう。同じ会社の下働きをしているに過ぎない人の息子に対するあなたの恐れの欠如との間の差異に気づくとき、社会的権力が問題となっていることが明らかとなります。大人のあなたが出会う子どもに対する、あなたの恐れや心配りのあり方に、社会的権力関係が、自明性として隠されている可能性が見えて来ました。また、一つの秘密発見です。

では、「子どもは、大人の僕たちに比べて、経済的な力、金力が弱い」は、どうでしょうか。確かに、あなたの家庭の中では、これは自明性となっているかも知れません。しかし、この自明性も、「社会的権力」の場合と同様に、子どもの属する世界によって実にさまざまですね。たとえば、大人であるあなたが、ホームレスの一人として、あるいは乞食として、――ただの想像です、ごめんなさい――食べ物を得るお金もないまま、空腹を抱えて街をさ迷っていると、想像してみましょう。その同じ街のデパートで高価な玩具を気まぐれに欲しがり、手当たりしだいに買わせて歩くわがままな「お坊っちゃま」や「お嬢さま」としての「お子様」がいることも、何とか想像できるでしょう？　店員さんは、その傍若無人な振る舞いをする「お子様」に、ぺこぺこおじぎをして、そのご機嫌をとっています。他方、同じ街で乞食をしているあなたに、その子どもは小銭を恵んでくれさえするかもしれません。現実のあなた自身の幸福で平凡な家庭の中という狭い世界では成り立っている自明性も、そのように、少し範囲を広げて、別の「疑似現実の世界」で見てみると、まったく成り立たないということが見えて来ます。そして、まったく別の自明性が現れて来る場合があるのですね。「神は天上を支配し、金は地上を支配する」(ドイツの諺)とか、「地獄の沙汰も金次第」という諺もありましたね。そして、その自明性が何であるかがあらわになることによって、僕たちの生きている世界が何であるかということも、また、あらわになって来るようです。子どもたちは、好むと好まざるとにかかわらず、そうした、僕たち大人の自明性に彩られた世界に、すでに、巻き込まれてもいるのです。あなたは、目の前のこの子どもを、一体、あなたのどのような自明性で包み込んでいらっしゃいますか。

また、「子どもは、大人の僕たちに比べて、知的な能力が低い」は、どうでしょうか。これも、僕たちの狭い世界では、一応、自明性として受け入れられているのではないでしょうか。そりゃー、いくら何でも、大人の私たちは、この子どもに比べれば、ずっと優れた知識の力や知力があるし、経験もありますよ、などと、あなたはおっしゃるでしょう。しかし、ちょっと待って下さい。それは、あなたの狭い世界の中だけの話でしょう。天才児のことを考えれば、そう簡単には言えないことは、ただちに明らかでしょう。天才ピアニスト、天才画家、天才数学者の卵たち、……。この自明性もまた、僕たちが、日常生活で、どのような世界に住み着いているかを、あらわにすることになるようです。

　また、「子どもは、大人の僕たちに比べて、経験が貧しい」は、どうでしょうか。これは、生きて来た年月の長さを考えれば、大人である僕たちの経験が、子どもの経験よりも豊かである、ということは、まったく自明であるように思われます。だが、ちょっと待って下さい。「もっとも長生きした人とは、もっとも多くの歳月を生きた人ではなく、もっともよく人生を体験した人だ。」という言葉があったのは、確か、ルソーの『エミール』でしたね。サルトルやB・ショーなどにも同じような言葉がありました。僕たちが、子どもたちよりも時間的に長生きしていることは確かです。でも、より「よく人生を体験」していると言えるでしょうか。たとえば、あなたは、子ども時代に、ご両親の「離婚」を経験なさったことがおありでしょうか。あの映画のスティーヴン・スピルバーグ監督は、自らの経験から、こう語っているそうです。両親が離婚について話し合っている間は、離婚とは子どもたちには理解できない抽象的な語にすぎない、ところが、突然、その言葉がぞっとするような具体的な形をとるようになる、と(Neil Sinyard: *Children in the Movies*. Bratsford. 1992. p. 97.)。子ども時代の僕は、ありがたいことに、その経験をしていません。それだけ、経験は乏しいとも言えるのです。また、子ども時代に、親の死に出会っているでしょうか。ありがたいことに、僕はしていません。その意味では、僕は、そうした経験を経ている子どもより、経験が乏しいのです。

あるいは、あなたはナチの強制収容所の「地獄を見た」(B・スパンヤード、大浦暁生・白石亜弥子訳『地獄を見た少年――あるアメリカ人のナチ強制収容所体験』岩波書店、一九九四年。アルヴィン・マイヤー著、前掲書)ことがあるでしょうか。僕は見ていません。そのことを僕は、感謝こそすれ、少しも後悔などしていませんが……。

また、僕は、子ども時代には、「死にゆく世界」を経験していません。とすると、「死にゆく子どもの世界」を生きている子どもよりも、僕は経験が乏しいのです。

で、僕たちが、目の前の子どもよりも、長い年月を生きて来たというだけでは、僕たちのほうが、経験が豊かだなどとは、ただちには言えないことになりますね。生きてきた時間の長短だけではなくて、その時間の内容の豊かさと深さが問われるからです。で、「子どもが、大人の僕たちに比べて、経験が豊かだ」ということも有りうるのです。再び、僕たちがどんな日常世界の自明性を生きているかが、あらわになるのです。

また、「子どもは、大人の僕たちに比べて、感情や感受性が貧しい」は、どうでしょう。大人になった僕たちは、当然のように、自分は子どもよりも感情が豊かだ、と思っているかもしれません。でも、これも、ちょっと待って下さい。なぜ、そう思えるのでしょう。そう、大人なら、感じたことを多少とも微妙な陰影をもった言葉で表現できるのに、目の前の子どもは、黙って涙を浮かべるだけ、うれしそうに飛び上がるだけ、あるいは、「悲しい」とか「うれしい」と一言いうだけだから、とあなたはおっしゃるのですか。でも、それは、まったく違うかもしれませんよ。確かに、今ここでは、目の前の子どもは、あなたに向かって何も言えない、そして、言わないかもしれません。でも、それは、その子どもが何も感じていない、ということとはまったく違うでしょう。子どもは、何も言わないけれど、大人のあなたよりも、ずっと深く豊かに物事を感じているかも知れないのです。そして、そういうことが確かにあるからこそ、たとえば、井上靖、大岡昇平、幸田文、中勘助、堀辰雄、三島由紀夫、北杜夫、高史明、など……、アンデルセン、トルストイ、プルースト、ヘッセ、カロッサ、マン、ケストナー、ルナアル、ディケンズ、R・ダール、など……のように、世界中の多くの作家が、幼い子ども時代に感じたことを、ずっと後になって、繊細な文章で詳細に表現する、ということが起こるのではないでしょうか。同様に、ヘレン・ケラーや神谷美恵子さんを挙げてもよいでしょう。今ここでは、この目の前の子どもは、確かに、何も言えないかも知れない、そして、何も言わないかも知れない。でも、後になって言葉に表現することになるような何事かを、今ここで、深く豊かに感じているかも知れない。このことを、時間をかけて、ご一緒にゆっくりと、私たちの自明性にして行きましょうよ。

また、「子どもは、大人の僕たちに比べて、より純真である」は、どうでしょうか。それは、単に、僕たちの希望や期待を言い表したものなのでしょうか。それは現実なのでしょうか。それとも、それは、僕たちが当然のこととしていること、僕たちの世界での自明性に過ぎないのでしょうか。これも、子どもの現実をそのまま言い表しているというよりは、僕たちの世界からの一つの見え方を言い表しているのだ、ということが見えてくる思いがします。というのは、今日の世界では、そのように物事が見える世界とは、まったく別の世界に生きることも可能だからです。もちろん、「純真」とは何か、という言葉の問題もありますが……。「子どもが、早熟であるとか、純真さに欠け、世間ずれしている」

（マリー・ウィン、平賀悦子訳『子ども時代を失った子どもたち』サイマル出版会、一九八四年）ということが、すでに自明性となっている世界もありうるのです。両親の離婚、共働きなどによって、子どもが、そのように生きることを強いられる社会的家庭的状況が存在するからです。子どもは、その生きて行く世界を狭められ、ぎりぎりに追い詰められたとき、早熟さ、世間ずれ、などばかりでなく、平凡な大人には思いもおよばないような、残忍さ、悪賢さ、狡猾さなどを身につけることもありうるからです。置かれた状況の苛酷さに応じて、「大人よりも残酷な態度を示」す十三歳の子どもも現れるのです（ヴィーゼル、村上光彦訳『夜』みすず書房、一九六七年、一〇九ページ）。原題 Children's Hour（一九六一年）で、邦題「噂のふたり」だったあの映画に描かれている、子どもの邪悪さも思い起こされます。「子どもは純真だ」という自明性を受け入れるか否かということの中にも、あなたがどのような自明性の世界に生きているかが、現れてくるでしょう。

また、「子どもは、自分が子どもであることを、心得ている」は、どうでしょうか。子どもは、自分が子どもであることを分かってはいることでしょう。それは、しかし、子どもとは何か、いかなる存在であるか、という哲学的な問いに対する答えを知っている、という意味ではありません。子どもは、周囲の大人たちから、何をしてもよいとか、いけないとか、何ができるとかできないとか、何がわかるとかわからないとか、……、いろいろに自分が見られていることを、時には漠然と時には明瞭に、知っています。その意味では、自分が大人たちが定める意味での「子ども」であることが分かっています。でも、たとえば、他の子どもたちの遊ぶのを見て笑い、「何を笑ってる」と問われて、「子どもたちの遊ぶのがおかしい」と答え、「□□さんは子供じゃないか」との言葉に、「子供は子供でもあんなばかじゃない。」(中勘助『銀の匙』岩波文庫、一二九ページ)と答える子どもの「私」もいます。では、この「私」にとって、「子ども」であることの自明性は、何でしょうか。こうして、またもや、「子どもは、自分が子どもであることを、心得ている」ということを自明性とする世界と、そうでない世界とが、見えて来ます。僕たちは、どちらの世界に住んでいるでしょうか。

そして、また、……。という次第で、「日常生活の世界」の中で、僕たち自身が『『子どもと出会う』の世界」での自明性を探す旅は、ここでひとまず、終えることにしましょう。この旅で、発見されるはずの自明性の秘密は、まさに無限とも言うべきで、ここに、並べてみたいくつかの自明性は、「氷山の一角」というより、むしろ「大海の数滴」に過ぎません。ただ、こうした、無限にある隠された自明性の秘密を見つける探究の旅は、あなたの現実の「日常生活の世界」の『子どもと出会う』の世界」に、あなた自身がおもどりになった後に、また、お一人でゆっくり楽しみながら、なさって見て下さい。きっと、さらにさらに、多くの驚くべき秘密を発見なさるであろうことを、僕は確信しています。秘密は、日常生活の世界の自明性のなかに隠されているのだということを、どうかお忘れなく。ここでは、例の「可能性と現実性」の秘密の「鍵」をすこし使い慣れたことに、小さな満足感を味わって、いささか駆け足ですが、次の世界に向かうことにいたしましょう。何しろ「死は確か！　日時は不確実」です。僕たちの時間は限られているのですから。

第2幕——承

明の世界——子ども「と」共生する

銀(しろがね)も　黄金(こがね)も　玉も　何せむに
　優れる宝　子に及(し)かめやも　　山上憶良(『万葉集』)

さあ、あなたと僕は、今や、「明の世界」にやって参りました。特に、あなたご自身が『子どもと出会う』の世界」が、当面の僕たちが訪問する世界です。ここは、僕たちが、前の第1幕で訪れていた平凡な「日常生活の世界」つまり「凡の世界」と対比するなら、「凡の中の非凡の世界」とも名付けられうる世界です。それは「明の世界」という名前をもっています。が、実は、さらに、別のもっと長ったらしい名前も持っているんです。手元のプログラムには、「真善美聖明喜楽(しんぜんびせいめいきらく)の世界」とも書かれています。「真善美」の価値を表し、さらに「俗」に対する「聖」を、「暗」に対する「明」を、そして、「喜怒哀楽」の「喜」と「楽」をとった、素敵な名前の世界です。音だけ読めば、「真善美生命気楽」とも読めそうですね。落語の「ジュゲムジュゲム」にも通じそうな名前です。で、簡潔に「明の世界」と呼んでおきましょう。
この世界での、僕たちの願いは、平凡な日常生活における自明性を見るだけに留めず、さらに一歩進んで、そうした日常生活の世界の平凡に見える出来事や経験の中に、人間の世界に「明」ひいては「真善美聖明喜楽」をもたらす力をもった経験を見いだし、そうした経験の人間的な構造と意味を見いだすことです。

「明の世界」と呼ばれる「『と』の世界」

さて、これから、ご一緒に旅する「明るく美しい」世界、「明の世界」、これこそ、私たちが生きている喜びを与えてくれる、希望に満ちた憧れの世界です。それは、明るく美しく「子ども『と』出会う」世界です。それはまた、「子ども『と』共生する」世界でもあり、「子ども『と』共に育つ」世界でもあります。教育者・芦田恵之助の言葉「共に育ちましょう」が現実に輝いている世界です。僕たちと対等な存在者である人間としての、いや、僕たちよりもいっそう豊かな可能性に満ちた存在者としての、一人の人間としての子ども「と」、大人である僕たちとが、「出会う」世界です。子ども「と」一緒に生きるという意味を込めて、この世界を『と』の世界」とも呼んでおきましょう。

「暗の世界」と呼ばれる『を』の世界

では、この「明の世界」あるいは『と』の世界」によって、背景に退けられた、否定されたり排除されたりした、何らかの世界がもう一つどこかにあるはずでしょう。そうです、それは、僕たちがこれから訪れる世界、言わば陽画の世界とも言うべき「明るく美しい」「明の世界」に対する、陰画の世界、「暗く醜い」「暗の世界」です。では、この「暗の世界」の「暗さ」と「醜さ」は、一体、何によってもたらされるのでしょうか。これは、僕たちがこれからじっくり考えなくてはならない、大きな問いです。

ここで、やや無理な先取りをして言うならば、その「暗さ」は、「出会う」子ども『を』、対象と化し、物と化し、手段と化し、道具と化して、何らかの目的や利益のために「利用しようとする」ことによってもたらされるのだ、と言えるでしょう。さらに先取りを重ねて、この世界を『を』の世界」と呼んでおくことにしましょう。この『を』の世界」、「暗の世界」には、いずれ、第3幕で訪問することを、お約束しておきます。

美しい「出会い」の夢と現実と――「明るく美しい」のはなぜか

この「明の世界」に入ってきた僕たちが、そこに生きている子どもに、まぶしいほどの明るさと美しさを感じるのは、一体、なぜなのでしょうか。そのことを、簡単に一言で表現できるだろうなどとは僕も思いません。でも、「なぜか」というこの問いを、いつまでも、僕たちの心に留めておきたい、と思います。それにしても、この世界の子どもは、実に生き生きとしています。明るく、美しく、光り輝いています。より正確に言えば、僕には、そのように見えます。あなたにも、そう見えますか？

ああ、そうでしたね、まだ、あなたは、何も見てはいらっしゃらないのでした。

この世界の入り口に書いてあった大きな標識の言葉を、覚えていらっしゃいますか？お気づきにならなかった？　こう、書いてあったんですよ。

「子どもとは、その子ども時代を生きている人間である。」

なーんだ、まったく当たり前のことじゃないですか。

子どもとは何か。この問いに対しては、第1幕でやったように、子どものもつ特質をいろいろ数え上げることで、答えることもできましょう。たとえば、生まれてからの時間が短いとか、死ぬまでの時間が長いとか、力が弱いとか、……。でも、その中には、この世界中のどこでもいつでも言えるとは限らないこと、僕たちの置かれた状況の下でしか言えないと分かったことなどが、たくさんありましたね。また、僕たちだけにしか言えないこともありましたね。そして恐らく、僕たちの偏見の表現に過ぎないこともあったでしょう。もちろん、僕たちは、それを偏見だとはまったく思っちゃいませんがね。だって、偏見というものは、まさに、それを偏見だとはまったく思っていないからこそ、ますます、偏見としての力を発揮するんですから。偏見だと自ら気づくと、偏見はとたんに力が弱まるのです。で、この「子どもとは、その子ども時代を生きている人間である。」という言葉には、何らかの、偏見が含まれているでしょうか。この言葉は、そもそも何を言っているのでしょうか。この言葉には、暗黙の前提として、どんなことが含まれているでしょうか。

まず、「子どもとは、一人の人間である」、ということが含まれているようです。それから、「人間には、『子ども時代』という、ある時期、時間、時代がある」ということ、「人間には、いつか、その人の、……時代を生きるということがある」ということ、そして、今ここで、目の前にいる、その「子ども」は、今その子どもであるその人の、「子ども時代を生きている」ということ、などでしょう。そういういくつかの意味が含まれているとすれば、あの標識の言葉は、あるいは、もしかすると、こうだったかもしれない。

「子どもは、今ここで、その人の子ども時代を生きている。」

目の前の子どもは、今ここで、僕たちの目の前で、その人の子ども時代を生きている。とすると、同時にただちに見えてくることは、いま大人である僕たちは、僕たちの子ども時代を、今ここでは、もう生きていない、ということでしょう。そして、かつては、あなたも僕もそれぞれの「子ども時代」を生きていたことがあった、ということでしょう。ですから、この言葉にならって言えば、こうも言えますね。

「大人とは、今ここで、その人の大人時代を生きている人間である。」、つまり、言い換えれば、「大人は、今ここでは、その人の子ども時代をもう生きてはいない。」ということですね。大人である僕たちについて言えば、僕たちは、今ここで、僕たちの大人時代を生きている人間である、ということになります。すると、目の前の子どもと僕たちとの関係は、こうなるでしょう。その子ども時代を生きている人間である目の前の「子ども」と、その大人時代を生きている人間である僕たちとの関係である、ということに。

いずれにせよ、以上の言葉は、僕には、僕の子ども時代のことを思い出させました。また、この目の前にいる子どもが、大人になる日のこと、つまり、今ここで子ども時代を生きているこの人が大人時代を生きることになるある日のこと、などを思い描かせてくれました。さらに、僕が、生きた教育実践について長年にわたって直接に教えていただいた、教育実践者・斎藤喜博先生の、次の短歌を思い出させました。

「未来そのものが今日の前にゐるのだとこの子らをみていふ人のあり　喜博」

今ここで、僕たちは、この目の前の子どもと対面しています。そして、なぜかわかりませんが、この子どもが、私にとって、光り輝くような明るさと美しさを感じさせてくれます。そんなことってあるでしょう？　そうです、その時、実は、僕たちは、すでに、この明るく美しい「明の世界」に、知らないうちに、もう入って来ているのです。

「僕は／が生きている」と「私は／が生きている」

「僕は生きています」。少なくとも、この文章を書いている現在の時点では、確かに、僕は生きています。あなたはどうですか？　あなたは、僕にならって、こうおっしゃるかも知れません。「私は生きています」と。少なくとも、この本を読んでいる現在の時点では、あなたはおっしゃるでしょう、確かに「私も生きています」と。

では、僕たちの目の前にいる、この子については、どうでしょうか。そして、この子は、もし仮に、僕たちと同じように口に出して言えるとしたら、どう言うでしょうか。恐らく、こう言うのではないでしょうか。「僕は生きていますよ」、「わたしは生きてますよ」、「あたいは生きてるよ」などと。仮に、私の目の前にいる子が、そのように「私は生きていますよ」と言ったとき、そのことは、僕たちにとって、その子にとって、そして、僕たちとその子の関係にとって、何を意味することになるでしょうか。これが、あなたとご一緒に考えたい問いです。

とっぴな空想から現れ出てくる「奇跡」、目の前の子どもと私の出会い

目の前のこの子どもと、僕たちは、今ここで、同時に「生きています」。僕たちが、このように目の前で、「同時に」生きていることのできる子どもは、実は、その数も範囲も

きわめて限られています。別の言い方をすれば、僕たちが、その人の子ども時代に、その人に出会うことのできる人は、きわめて限られているのです。そもそも、あなたが、一生のうちに、このように目の前で出会うことのできる人々は、限られていますものね。

たとえば、ドイツの文豪ゲーテ(一七四九―一八三二)を、一人の人物として、取り上げてみましょう。名前の後の( )内の数字は、生年と没年です。つまり、ゲーテは一七四九年に生まれ、一八三二年に没した、ということを、二つの数字は表しています。そこでまず、たとえば、あの「ドン・キホーテ」を書いたスペインの文豪セルバンテス(一五四七―一六一六)とゲーテの「出会い」の可能性を考えてみましょう。すると、セルバンテスには、子ども時代のゲーテを目の前にすることは、まったく不可能でした。なぜなら、二人の「生きている」時代は、重なっていなかったからです。なおさらのこと、ゲーテが、子ども時代のセルバンテスに出会うことなど、まったく不可能です。だって、ゲーテにとって、セルバンテスは二〇〇年も昔の人物だったのですから。他方、ゲーテ自身はといいますと、子ども時代のシラー(一七五九―一八〇五)に出会うことは、十分に可能であったのです。また、子ども時代のドストエフスキー(一八二一―一八八一)に出会うことも、少なくとも論理的には、つまり年代的には、不可能ではありませんでした。それから、乳幼児時代のトルストイ（一八二八―一九一〇）に出会うことも、論理的には可能でした。しかし、また仮に、僥倖によって、二人が、この地上のどこかで、八十歳を過ぎた老人の文豪ゲーテが、「幼年時代」のトルストイ、幼児であるトルストイとたまたま出会うことがありえたとしても、ゲーテは、ロシアの貴族に生まれたその幼児が、後年の文豪トルストイとなる人だということなど、まったく知る由もなかったでしょう。以下同様に、ゲーテが、その子ども時代に、共に生きて出会うことが、論理的には可能であった人々の中には、そのほかに、たとえば、哲学者ヘーゲル（一七七〇―一八三一）、詩人ワーズワース（一七七〇―一八五〇）、作家ディケンズ（一八一二―一八七〇）、数学者ガウス（一七七七―一八五五）、政治家リンカーン（一八〇九―一八六五）、……などがいました。ただし、もちろん、ここでは、実際に会っているかどうかということはまったく考慮の外の別の話だとして置きましょう。また、ゲーテは、日本の伊能忠敬（一七四五―一八一八）とは、子ども同士として出会うことも、年代的には、つまり論理的には、不可能ではなかったのですね。しかし、本居宣長（一七三〇―一八〇一）の子ども時代に出会うことは、絶対に不可能でした。なぜなら、ゲーテは、宣長よりも、十九歳も年が若かったのですから。またたとえば、ゲーテは、モーパッサン(一八五〇―一八九三)、ルノワール(一八四一―一九一九)、ロダン(一八四〇―一九一七)などには、決して出会うことはできませんでした。生きている年代が重なっていなかったのです。ゲーテは、そのような人々が、後の時代になって、この世に現れてくることをまったく知りませんでした。現代の僕たちは、ゲーテが知らなかったことを、知っていることにもなりますね。ゲーテが、一八〇八年に、ナポレオン一世(一七六九―一八二一)と直接に会見できたのも、同時代者だからこそです。ナポレオン一世とベートーヴェン(一七七〇―一八二七)との出会いは有名ですね……。

さて、こうしたいわばとっぴな空想にふけることは、簡単な世界史や日本史の年表を眺めながら、幾らでも、またいつまでも、続けることができましょう。

ここで、ひとつ明らかになることは、たとえばゲーテのように、八十代半ばまで生きるというほどに長寿であっても、出会うことのできる子どもたちの範囲、つまり、その子どもも時代を生きている人々で、共に生きて「出会う」ことのできる範囲は、論理的に、きわめて限られてしまっている、という、いわばまったく自明な当たり前のことなのです。

目の前の子どもの年齢は、いくつでもよいのですが、仮に、たとえば十歳ということにしておきましょうか。すると、あなたが、この人が十歳であるその人の子ども時代に、この人に、出会うことのできる限られた範囲の人間の一人として、今、この子どもに出会っている、ということになるでしょう。思い返して考えてみれば、あなたが十歳のときに出会った大人たちの範囲も、確かにきわめて限られていたではありませんか。それと同様に、この目の前の子どもの一生にとって、あなたは、十歳の時点で出会うことのできた、その意味では限られた、選ばれた大人のなかの一人である、ということになるでしょう。

こうして、今ここで、同時に「生きている」目の前のこの子どもとあなたとの出会いは、それぞれの生きている時期、時代、の間にほんの少しのずれでも仮にあったとしたら、もうまったく起こりえなかった、そういう性質をもったはずの、実に危うげに成り立っている僥倖に近い「出会い」なのだ、ということが分かってきます。こう考えてくると、このように出会っているということ自体が、一種の「奇跡」のような出来事とも思えて来るではありませんか。そうお感じになりませんか？……。

さて、僕たちも、僕たちが死んだ後で、どのような人々が誕生するであろうかなどということはまったく知りません。それどころか、僕たちの目の前にいる、この子どもが、将来、大人になった時に、どのような人になるかを、少なくとも今の時点では、まったく知らないのです。そして、そのことを知らないのは、実は、僕たちだけではなくて、この子ども自身も同様なのですね。不可避的に、その意味で、この「出会い」には、今の時点で、時間を経てはじめて明らかになってくるはずの、未知の事柄が実にたくさん秘められている、ということがわかります。その意味でも、この出会いが、何か、謎に満ち満ちた、ふしぎで神秘的な「奇跡」の一つのようにも思われ始めて来ます。この子どもと僕たちとは、良かれあしかれ、何か深い縁(えにし)があるように、感じられて来るではありませんか。

「同時代者」、「先時代者」、と「後時代者」

これら三つの概念は、現象学的社会学者A・シュッツによるものです。

ここで、一息入れて、彼に学んで、理論的に、概念的に、整理してみましょう。僕たちが、僕たちの生きている間に、現実に出会う人間たちの範囲はきわめて限られている、ということは明らかです。そもそも、あなたの一生で直接に出会える可能性をもった人々は、あなたとお互いの生きている時間や年代が重なり合っている人々に、つまり「同時代者」たちに、限られています。その中でも、直接にそして実際に、目の前で出会い、互いに知り合いとして認めあえる人々は、そのまたごく一部の人々に限られています。さらに、その中でも、その人の子ども時代に出会うことのできるような人々は、また限られているのです。

人類には、その他に、あなたが生まれる前に生きて、そして、すでに死んでしまっている人々、つまり「先時代者」たち、がいます。それから、あなたが生きているうちには未だ生まれておらず、あなたが死んだ後に、この世に生まれてくる人々、「後時代者」たち、がいます。こうして考えて見ると、あなたが今、ここで、出会っている、その子ども時代を生きているこの人は、つまり、目の前のこの子どもは、あなたの同時代者のなかでも、年齢的にもきわめて限られた人々の中で、あなたと実際に直接に出会うということになった、たいへんふしぎな縁をもった人である、ということが明らかになってきます。子ども時代のこの人にこうしてあなたが出会えたのは、いかにもめずらしい偶然であり、あるいは、あなたの幸運であるのかも知れません。たとえば、あなたは、子ども時代のゲーテに直接に出会うことは、絶対にできないのです。しかし、その子ども時代を生きている目の前のこの子どもには、こうして実際に直接に対面して、出会っているのです。なんてふしぎなんでしょう、そして、なんてすばらしいんでしょう。

逆に、この子どもにとっても、同様に、その「同時代者」は限られています。中でも、その子ども時代に、この子どもが出会うことのできる人々の範囲は、もっと限られています。子どもであったドストエフスキーは、ゲーテと同時代人ではありましたけれども、ゲーテに直接に出会うことはできませんでした。短い年月を同時代人として過ごしても、だからと言って、互いに、直接に出会えるとは限らないのです。むしろ、同時代者であっても、直接に出会う、子どもと大人の範囲は、互いに限られている、というほかないでしょう。で、この子にとって、あなたは、子ども時代に直接に出会う、限られた数の大人たちのうちの、つまり、たいへん貴重な体験を与えてくれる大人の一人なのだ、ということになるでしょう。こう考えれば、あなたと、この目の前の子どもとの「出会い」は、あなたの「私は生きている」と、この子どもの「私は生きている」とが同時に成り立っている、短い時期にしか起こらない「奇跡」なのだ、そんな風には感じられませんか。

さて、「私は生きていますよ」という言葉を交わした、この目の前の子どもと私は、互いに「同時代者」のなかでも限定されているという意味で、何か特別の縁(えにし)に結ばれた者たちである、と考えたとき、私たちが、暗黙の前提としていること、つまり、秘められていた一つの自明性があらわになって来るようです。それは、何でしょうか。

それは、この今、つまり現在の瞬間が、それぞれにとって、それぞれの一生の時間のなかの一つの瞬間である、ということです。これは、あるいは、あまりにも当たり前のことのように響くかも知れません。でも、この当たり前のこと、当然のこと、自明なこと、あなたは、納得して、お認め下さいますか？　なぜ、こんな当たり前のことを、わざわざ、もったいぶって、大げさに、くどくどと、確認するのか、ですって？　それは、このことが、たいへん重大な意味をもつからなのです。そして、そのように重大な意味をもつということ自体は、目には見えないからなのです。目には見えない事柄で、重大な意味をもつ事柄、これは、僕たちがうっかり見落としがちであるが、その見落としが、重大な意味をもってくることになる可能性がある、そういう性質をもった事柄だからなのです。

別の言い方をしてみましょう。今、ここで、このようにして出会っているあなたとこの子どもは、それぞれの一生を生きる。これまで、それぞれの一生を生きて来た。そして、これからも、それぞれの一生を生きて行く。そのようなそれぞれの一生の、言わば歴史のひとこまとして、今、ここで、このようにして、あなたとこの子どもとが、出会っているのです。ここまで述べて来たとき、次のことは、あらためて言うまでもない、確かなこととして、見えて来たのではないでしょうか。

この子ども、つまり、今、ここで、その子ども時代を生きているこの人は、今、ここで、大人時代を生きているあなたがこれまでそうして来たのと同じように、今はその子ども時代を生きているが、将来は、大人になって行く、そういう一生を生きて行くのだ。そして、そのような一生のなかの今を、この瞬間を、この子どもは、今、ここで生きているのだ、ということです。

あなたとこの子どもの、今、ここでの出会いは、あなたの一生のなかの一瞬の出来事であるばかりでなく、この子どもの一生のなかの一瞬の出来事でもあるのだ、ということです。さらに、別の言い方をしてみましょう。今、ここで、このようにして出会っているあなたとこの子どもが、別れてしばらくした後、あなたがこの世を去るとします。ああ、ごめんなさい。じゃ、世を去るのはあなたじゃなくて、この僕だということにしておきましょうか。ともかく、どっちにせよ、それでも、この子どもは、生き続けるということは、おおいにありうることでしょう。もちろん、逆もまた真で、この子どもがこの世を去り、あなたが、僕たちが、生き続けるということも十分に起こりえます。そうではないですか？　今、ここで、このようにして出会っているあなたとこの目の前の子ども、そして、このようにして出会っているという出来事、その背後に、あなたの一生が、僕たちの一生が、そして、この子どもの一生が、隠されていたのです。この一瞬には、そのような意味が秘められていたのです。

「そんなの、秘密でもなんでもないよ」ですって。

でも、そのことは、今、ここで、この子どもの顔を見ているだけでは、決して見えて来ないことです。たとえ、その顔を穴があくほど見つめてみても、決して見えては来ない事柄なのです。以上が、「子どもとは、その子ども時代を生きている人間である」、「子どもは、今ここで、その人の子ども時代を生きている」、「大人は、今ここで、その人の大人時代を生きている」、さらに、「僕たちは、今ここで、僕たちの大人時代を生きている」ということから導かれる洞察の小さな一部分です。

「出会う」と「会う」

ところで、僕たちは、これまで、「出会う」という言葉を、たいへん不用意に気楽に使ってきました。でも、疑問がわいてきます。その疑問とはこうです。「出会う」でなくて、ただの「会う」という言葉ではいけないだろうか。「会う」では、何か物足りないところがあるとすれば、それは何だろう。「出会う」と「会う」の違いは何だろう。私と目の前のこの子どもとが、「会う」だけでなく「出会う」のは、どういう状況なのだろうか。

人と人とが「出会う」という出来事については、さまざまな人々が論じているようです。有名なのは、ブーバーなど、外国の人々による、普通「出会う」という日本語に訳される言葉、「エンカウンター」、encounter（英）、Begegnung（独）、encontre（仏）、などで表される出来事についての理解です。でも、今の僕の印象に強く残っているのは、日本語の「出会う」というふしぎな言葉について、二十年近く前に、僕がちょうどこのことをようやく考え始めていた頃に、たまたま出会った、今は亡き精神病理学者・荻野恒一先生の次の平易な言葉です。

「……出会いとはどのような人間現象なのであろうか。わたしはその答えは明瞭に、日本語の『出会い』という言葉のなかに表現されているように思う。つまり『出会い』とは、ただ単に『会う』のではなく、固有の自分の世界、にせの自分が生きている状況から『出て』、すなわち出立して、相手の世界に『会う』ことなのである。しかもここで重要なことは、この出会うということは、単に自己を空しくし、自己を否定して、相手の世界に自分自身を同化してしまうことではないのである。自己を否定して、相手の世界に同化することは、自己同一性の否定ないし喪失でしかなく、精神病理学的次元で言えば、精神分裂病の世界への没入になってしまうのである。ここで言う出会いはそうではなくて、『このわたしがにせの自分から出立するとき、同時的に相手もまた、自分固有の世界から抜け出して、自分とは異なる世界に生きている他者の存在に気づき、この事実に驚く』という事実なのである。」(荻野恒一『故郷喪失の時代』北斗出版、一九七九年、三九―四〇ページ)

私は固有の自分の世界を生きています。そして、この子どもも、また、この子どもの固有の世界を生きています。私と、私の相手であるこの子どもとが、互いに、それぞれ、自分固有の世界から「出て」、相手の世界に「会う」こと、これが「出会い」です。しかも、その時、それぞれが、自分を失ってしまうのではなく、自分とは異なる世界に生きている他者としての相手の存在に気づき驚くこと、それが、「出会う」ということなのだ、と言うのでしょう。さらに加えるならば、そのように出会うことによって、私もこの子どもも、共に、それぞれの自分固有の世界を、それぞれの仕方で豊かに変化させること、それがここで言う「出会い」なのだ、とも言えるでしょう。僕たちのさまざまな世界への訪問も、その訪問によって、さまざまな世界に生きる人々と出会い、驚き、僕たちの固有の世界を豊かに変えて行く、そういう旅なのです。「出会う」という言葉によって表現される出来事、人間現象の意味についてはまだまだ考えなければならないことがたくさんあります。が、この荻野先生の簡潔な言葉は、その核心に触れている、と僕は思います。

「人類の子ども」、目の前のこの子ども、そして、あなたと僕

と、ここまできて、ふと気がついたことがあります。それは、「同時代者」である、「目の前のこの子ども」、あなた、それに「僕」、この三人は、皆同じように、等しく人類の一員だし、その子どもたちなのだ、ということです。その意味では、この僕たち三人は、お互いにまったく対等なのだ、ということです。だって、僕たちとこの子どもとの違いなんて、生まれた年が、たかだか何十年か違うというだけの事じゃあないですか。ゲーテとシラー、あるいは、ドストエフスキーの年齢の違いを考えていたとき、そんな考えが、僕は、ふと浮かんだのです。もちろん、平凡な「江分利満」たちである僕たちが、ゲーテ、シラー、ドストエフスキーたちのように偉いのだ、などと言っているのではありませんよ。ただ、ゲーテらを、時代を経て遠くから時間的距離をおいてながめてみると、「同時代者」である彼らの間の年齢の違いは、当時、老人と子どもとして仮に出会ったと想像したとしても、それはごくごく小さなものとして現在の僕たちの目には映る、ということなのです。そして、それと同様に、そのような思いを背景にあらためて見てみると、「この目の前の子ども」と、僕たちの間の違いもまた、年齢の違いとしては、ごく小さなものとして見えてくる、ということなのです。そうです、僕たち三人は、たまたま同じ時代の同じ時間を、今ここで生きている「同時代者」として、互いに「奇跡的に」出会っている、人類の子どもも同士の仲間なのだ、そう言えるのではないでしょうか。

そう考えると、「この目の前の子ども」である、今ここで、その子ども時代を生きている人間である「この人」に、私は、たかだか何十年か前、いつかどこかで、その子ども時代をかつて生きたことのある人間として、そして、今ここで、その大人時代を生きているひとりの人間として、つまり、お互いに同じ人類の仲間の一員として、たまたま、今ここで、出会っているのだという思いが強くしてくるではありませんか。そして、この目の前にいる子ども時代を生きているこの人に対して、この人にとってかけがえのないその子ども時代の思い出を、仮にも、僕たちが心ない仕打ちで汚すような失礼なことを、なしては決してならない、そういう思いが強くしてくるではありませんか。

こうして、今ここで、僕たちは、この目の前の、その子ども時代を今ここで生きているこの人と、やっとお互いに対等の立場で、正面から対面することになったわけです。それは、僕たちの立場から言えば、「我は人なり、汝も人なり」でしょうが、この子の立場からも、「我は人なり、汝も人なり」だ、ということでしょう。

さて、あなたを、僕の小さな回想の世界にご案内させて下さい。

あれは、今から五十数年昔、数えてみれば、一九三八年頃のことでした。僕は、ある幼稚園の年少児組、──それは「梅組」と呼ばれていたように記憶しています、──に入れてもらいました。その時にあった小さな出来事の回想をお話しして、その世界にあなたをお誘いしたい、と思うんです。そう、その年少児組は、数え年で五歳、今風に言えば、満四歳の幼児たちのためのクラスであったかと思います。その幼稚園は、当時の東京市の下町、神田区立・橋本小学校という、現在ではもう廃校となって消えてしまった小さな小学校の付属幼稚園でした。その名を橋本幼稚園と言ったかと思います。

幼い僕には、まだ、幼稚園がどういうところか、幼稚園の先生がどういう人であるか、さっぱり分からないという状態だったのだろうと思います。その僕が、だれか年上の子どもが遊んでいた紙を折って作る紙飛行機を見て、それを、それまで見たこともないすばらしい紙飛行機のように思い込んだのでしょう。身近にいらっしゃった女の先生に、たどたどしい言葉で、その先生は直接には見ていない紙の飛行機を作って、とでもお願いしたのだろうと思います。紙の飛行機といっても、もちろん、いろんなのがあります。その女の先生は、すぐに一つ作って下さったのですが、それは、僕が欲しいと思ったあのすばらしい紙飛行機とは違うものでした。で、幼い僕は、そういうのではない、とでも恐らく言ったのでしょう。すると、その先生は、また別の紙飛行機を作って下さいました。でも、それもまた、僕の思いに適う紙飛行機ではなかったのです。こうして、幼い僕は、僕の欲しいすばらしい紙飛行機を作ってもらえない失望と、僕の望みが先生に伝わらないもどかしさとで、べそをかき始め、ついには泣き出してしまったのです。僕が、五十数年もたった今でもはっきり覚えているのは、そのように僕が泣き出してからのその先生のご様子なのです。その女の先生は、しゃがみ込んで、僕の顔を見ながら、とてもこまった悲しそうなご様子をして、でも、一生懸命、それ程までに僕の気に入った紙飛行機を、何とか僕のために作って下さろうと努めて下さったのでした。「これじゃない？　じゃあ、これかな？」僕は、その度に、それじゃない、それじゃない、と答えていたのだろうと思います。求める紙飛行機がえられない悲しさに泣いていた幼い僕は、その時ふと、先生が、僕のために、本気になって一生懸命に、僕の気に入る紙飛行機を何とかして見つけて作って下さろうとしていることに、気が付いたのです。それはごく微妙で小さな気づきでした。そして、僕は泣き続けながらも、そのように先生が、僕のために心を砕いて下さっていることに、あるうれしさと喜びを感じ始めたのでした。その時の、涙を浮かべんばかりのこまり切った悲しそうなお顔、質素な黒い丸縁メガネをかけた先生の丸顔のお顔を、五十数年を経た今でも、僕ははっきりと覚えています。そして、初めての幼稚園で、僕のことを本当に心配して下さる先生がいらっしゃるということに、ある安心感と親密感をいだき、喜びを感じたことを思い出すのです。そして、その小さな出来事は、その後の僕の長い学校生活の根底にあって、学校や先生という存在に対する僕の信頼感を支えて来てくれたように思うのです。もし、あの先生が、現在ご存命だとしたら、もう九十歳前後でいらっしゃるでしょう。あの戦災と混乱を招いた戦争をはさんだ五十数年を経ています。あるいは、もうご存命ではないかもしれません。それに、先生にとっては、そのような小さな出来事は、多くの子どもたちとの忙しい毎日のなかで、直ぐに忘れ去られるような小さな些事に過ぎなかったに違いない、と僕は思います。先生が、その後も、この出来事を、記憶していらしただろう、などとは僕にはとても思えません。それに、幼かった僕は、その先生のお名前さえ、覚えていないのです。でも、その時の先生のお顔と、幼い僕のためにして下さった、その一生懸命のお心遣いとを、僕は、これまで一生忘れることができなかったのです。僕にとっては、あの小さな出来事が、その後の僕の一生にとって、たいへん大きな意味をもつことになった、と感じるのです。やや固い言葉を用いれば、先生は、泣きじゃくる幼い僕の中に、一人の人間を見て下さったのです。そして、一人の人間として接して下さったのです。僕は、今でも、先生に心から感謝の気持ちをもっています。そのことを、もう、先生にお伝えすることはできない、そのことをたいへん残念に思います。

あの時、先生は、僕の「我がまま」を叱り付け、僕のほっぺたをバシッと強くビンタ――当時、頰を平手で叩くことをこう呼んでいました――してもよかったのです。当時の一般社会の風潮からすれば、「軍国少年を錬成する」という意味でも、男の子を強く逞しく育てるために、先生が子どもには厳しく体罰を加えるということは、ただ容認されるだけでなく、むしろ、奨励されさえしていたのですから。そして、もし、僕があの時、強く叱られひどく叩かれていたとしたら、僕はどうなっていたか。それは、今の僕にも、推測することも想像することもできません。あるいは、ただそれだけのことで、何事もなかったかもしれません。そして、五十数年もこのように覚えているということもなかったかも

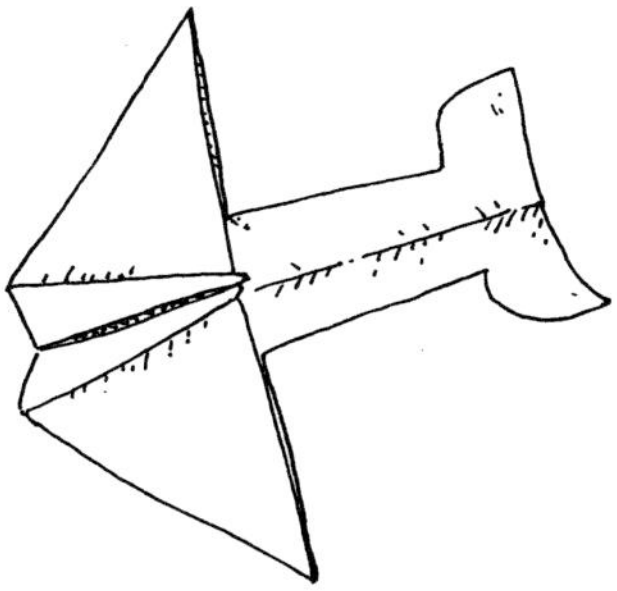

僕が欲しかった紙飛行機

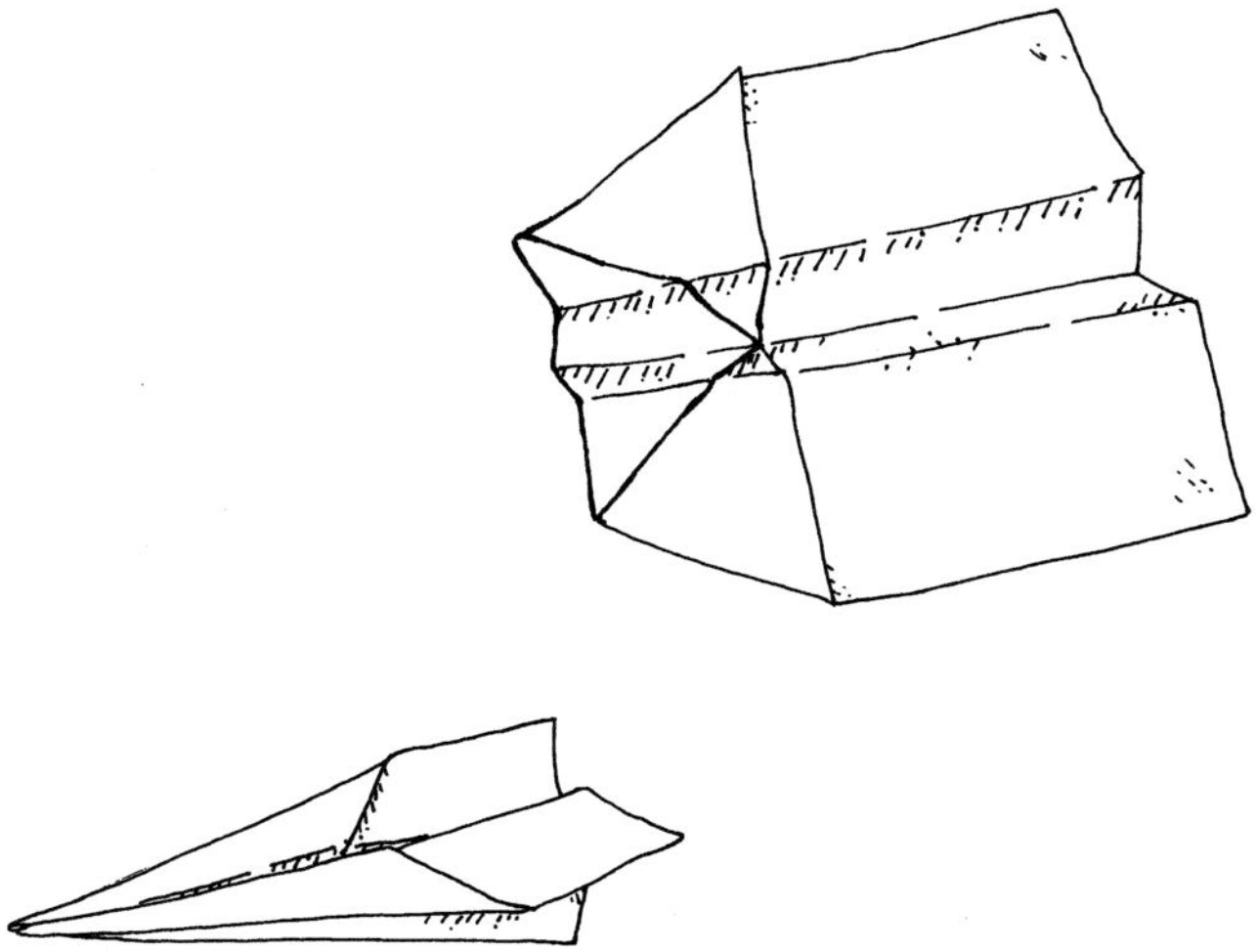

僕が作ってもらった紙飛行機

しれません。が、学校や先生に対する最初の思いが、それですっかり変わってしまって、その後の僕の有りようも、そして、現在の僕の有りようにも、あるいは、大きな変化が起こっていたかもしれません。それは、僕自身にも分かりません。でも、ともかく、その先生は、その時、泣きじゃくる幼い僕に、真心からまともに付き合って下さり、僕の望みをかなえて下さろうと、一生懸命に、次から次へと、いくつもの紙飛行機を作って下さったのです。泣き続けている幼い僕のなかで起こった小さな変化、そうした先生の一生懸命のご様子に、僕がある喜びとうれしさを感じるようになったという僕の心の有りようの微妙な変化には、その時、先生は恐らくお気づきにはならなかっただろう、と僕は思います。僕の望んだ紙飛行機は、とうとう、その時は、作ってはいただけませんでした。それでも、僕は、とてもうれしかったのです。そして、そのうれしい思いを、今でも、つまり、五十数年を経た今でも、はっきりと覚えているのです。

本当にふしぎなものですね、人間の記憶というものは。こんな小さな些細な出来事が、はっきりと、一生の間、長年にわたる記憶として残るとは。そして、そのような小さな出来事が、人間の一生にとって、大きな意味をもつことになると感じられるなんて！　もちろん、学校や先生という存在に対する僕の思いは、その後の戦争と敗戦、軍国主義から民主主義への移り行きなどによって、さまざまに屈折し、変化することになります。でも、あの時の、あの小さな出来事での、あの先生の優しい心遣いに対する僕の思いは、幼い日からこれまで、少しも変わらなかったのです。そのことを、僕はふしぎに思っています。

ふと次の文章を思いだしました。『しろばんば』の作者・井上靖さんの文章です。

「子供というものは、大人たちの想像もできない鋭い触角を振り廻している。自分の幼時を振り返ってみると、それがよく判る。子供がその鋭い感覚を持ったまま成長して行ったら凄いことになるが、よくしたもので、神さまは適当な時期に子供からそのすばらしい武器を取り上げてしまう。」(井上靖『幼き日のこと・青春放浪』新潮文庫、一九七六年、七一ページ)。僕は、この文章に深い共感を覚えます。

同じ本の中に、「記憶の中に遺っている一枚の絵」(同前書、八八ページ)という言葉がありました。僕の「紙飛行機の出来事の記憶のなかの先生のお顔」のイメージは、僕の一生にとって大切な「記憶の中に遺っている一枚の絵」なのかも知れません。

「幼い者」と私——井上靖「梅の匂い」の挿話

次に訪れる世界は、同じ井上靖さんの回想の世界です。井上さんは、その子ども時代を伊豆の湯ケ島で過ごしました。で、最初に「半島」とあるのは伊豆半島のことです。

「半島の西海岸に、おかのお婆さんの遠縁に当る人が居て、その人が年に二回か三回、土蔵(靖は祖母と土蔵で暮らしていた)を訪ねて来た。中年の男の人であるが、その人は来ると、必ず私を抱き上げてくれたり、両手で高く差し上げてくれたりして、幼い私の相手になってくれた。ただそれだけのことで、私はその人物に特別の好感を持っていた。その人が来ると、何か楽しいことが身辺に近寄って来るような思いを持った。／ある時、その人は私を連れて庭を歩き、梅の木のあるところへ行くと、私を抱き上げては、私の顔を梅の花の傍に持って行くようにした。／——いい匂いがするだろう。／——うん。／更に他の梅の木のところへ行って、／——じゃ、この梅の方はどうだ。／——いい匂いがする。／——うまいことを言って！　ほんとか？／　おそらくこんなやり取りがあったのであろうと思う。こんなことのためか、いつとはなしに、私は梅の花を見ると、顔を梅の花の方へ持って行くような癖を身につけてしまった。現在も、庭の梅が花をつけると、時々その匂いを嗅ぐし、幼い者でも傍に居ると、曽て自分がされたように、抱き上げて、梅の匂いを嗅がせてやる。自分の場合のように、いま自分が抱き上げてやっている幼い者がこのことを憶えているかも知れないと思うと、ある楽しさがある。甚だ当てにならぬ賭けではあるが、幼い者の心に、梅の花の匂いという時限爆弾でも仕かけているような気持である。／——いい匂いがするだろう。——うん。／甚だ不得要領な顔をしているが、案外このことを憶えているかも知れないと思う。」(同前書、八二—八三ページ)

この文章に描かれた情景の意味について、僕は別の箇所で、少し詳しく考えたことがあります(吉田章宏『教育の方法』放送大学教育振興会、一九九一年、四五—五三ページ)。それで、ここでは特に、次に述べる「私」の姿とその意味に注目してみたい、と思います。「幼い私」は、ある日、中年の男の人に、梅の花の匂いを嗅ぐことを教えてもらった。時を経て、その幼かった私は、今や老人となっている。しかし、老人となった今も、その小さな出来事は、いまだに鮮やかに覚えている。その人が来た時、「何か楽しいことが身辺に近寄って来るような思いを持った」こと、「特別の好感を持っていた」ことなどを、老人として、懐かしく回想しているのです。そして、その回想とともに、今、老人である私の目の前にいるこの「幼い者」に、ちょうど幼い日の自分がしてもらったように、「抱き上げて、梅の匂いを嗅がせてやる」。すると、ちょうど「自分の場合のように、いま自分が抱き上げてやっている幼い者がこのことを憶えているかも知れないと思う」のです。そして、もしかすると、ちょうど自分の場合のように、この目の前の「幼い者」も、また、何十年かの時を経ても、憶えているかも知れない、と思うのです。そして、一人の老人として、その傍に居る目の前の「幼い者」に、「梅の花の匂いを嗅ぐこと」を教えるようなことがあるかも知れない、とも想像し期待して、その「はなはだ当てにならぬ賭け」を楽しんでいるのです。注目したいのはその「私」の姿の意味です。

この姿に見えてくるのは、老人となった私の「幼い日」の「幼い私」と、いま私の目の前でその「幼い日」を生きているこの「幼い者」とを重ね合わせる目です。そして、また、あの「幼い私」にとっての「中年の男の人」と、いま私の目の前にいるこの「幼い者」にとっての「老いた私」とを重ね合わせる目です。それは、今ここにいるこの目の前の「幼い者」の一生に、これまでの自らの一生を重ね合わせて、今ここを、「老いた私」の長い

（中年の男の人）／（幼い日の私）	＝	（今ここの老いた私）／（目の前の幼い者）

一生の時間のなかでの「あのとき、あそこ」と重ねて、その「幼い者」の一生の時間のなかでの「今ここ」として見る、そういう「ものの見方」でもあるのです。

以上の相互関係を、もし仮に、比例式として表すならば、図のようになるでしょう。

僕たちは、いつの間にか知らないうちに、老いた井上靖の世界に入り込むと同時に、「幼い日」の「幼い私」の世界に、中年の男の人の世界に、そして、私の目の前にいるこの「幼い者」の世界へと、つい引き込まれて行くようです。

そのような「ものの見方」が可能になるには、どうやら、いくつか必要な条件がありそうですね。その中には、少なくとも、こんな条件がありましょう。一つは、私が自らの「幼い日」の出来事を鮮やかに覚えている、ということ。もう一つは、その出来事の私の一生にとっての意味を覚る機会に、今、私が恵まれている、ということ。そして、この目の前の子どもの一生、その長い将来を思い描き、この出来事の意味を考えることが、私にできるということ。……。そのような「ものの見方」は、「幼い者」にとって意味深いばかりでなく、今の私にとって、私の人生の意味をよりいっそう豊かにしてくれるようにも思われます。私の「幼い日」の「幼い私」に起こったあの出来事が私の一生にとって意味をもった。それと同様に、今ここで、目の前の「幼い者」に、私がひき起こしているこの出来事が、この「今、子ども時代を生きているこの人」の一生にとって意味をもつことになる。ということは、今ここにおける私の行いが、この目の前の人にとって、将来にわたって意味をもつだろう、ということです。私が今ここで、懐かしくあの出来事を回想し、想像し、期待し、「甚だ当てにならぬ賭け」を楽しんでいるのと同様に、この目の前の「幼い者」も、遠い将来、いつの日か、今ここでのこの出来事を、懐かしく回想し、想像し、「甚だ当てにならぬ賭け」を楽しむようになるかも知れない、と期待することでもあります。そして、この人に、これから出会う多くの「幼い者」たちにも、また、そのような出来事が起こって、そしてまた、……。そのように見るということは、私の人生の今ここに、そのような夢をはらんだ新しい生命の苗を一つ植えることだ、とも言えるでしょう。その私の夢は、私の人生が終わった後も、生き続けていくことになるのです。

今まで、僕は気づかなかったことなのですが、もしかすると、僕たち一人ひとりはそれぞれ、そのような夢を孕んだ生命の苗を人から人へと大切に引き継いで行く、この宇宙における、人類の壮大なリレー・ランナーの一人だったのかもしれません。今ここでの小さく些細な出来事が、僕たちの人生を豊かにしてくれる、深い意味に満ちた出来事のように、思われて来るではありませんか。

さて、この小さな世界ともお別れです。お隣の世界に参りましょう。お支度はよろしいですか。では、出発！

「大人たちの想像もできない鋭い触角」、「子どもたちは私たちを見守っている」

『映画の中の子どもたち』(*"Children in the Movies"* by Neil Sinyard, B. T, Bratford, London, 1992.)という、僕が魅せられた内容豊かな本があります。その中に、「子どもたちは私たちを見ている」(Children are Watching Us.)という一章があります。ヴィトリオ・デ・シーカ監督の「自転車泥棒」から、一九七九年頃評判になった映画「クレイマー・クレイマー」などを紹介し、その中で、子どもが親や大人たちが示す行動をどのように見ているか、その子どもたちの姿がどのように映画に描かれているか、を解明しています。

そうです、「子どもたちは私たちを見ている」のです。子どもたちが、私たちと同様に、人間である限り、私たちが子どもの姿を見ているのと同じように、子どもたちもまた、「今ここで」、私たちの姿を見ているのです。ただ、子どもたちは、その時の「今ここで」、何も言えないかもしれません。そして、敢えて、何も言わないかもしれません。しかし、それは、今ここで、何も見ていないこと、何も感じていないこと、何も考えていないこと、と同じではないのです。時を隔てて、大人になったとき、この子どもは、かつての子どもとして、子どもの時に「今ここで」見たことを、かつてあの時の「今ここで」見たこととして、語り始めるのです。子ども時代の回想は、あの時の子どもになり代わって、あの時子どもだった大人が、大人としていま語り始める物語なのだ、と言えるでしょう。

さて、「紙飛行機」や「梅の花」のように、回想の世界から取り出された「一枚の絵」ではなく、「子供だった」その時に描かれた子供による「一枚の絵」がここにあります。いのもと よしひろさんの著書『戦争の頃、子供だった』に描かれている世界です。早熟な少年だった、いのもとさんは、国民学校（いまの小学校に相当）の五、六年生の時、ひそかにノートに詩文を書き記していたのです。そのノートを整理して出版した編者の奥津千恵子さんは、こう書いています。「ひとは皆、それぞれの感傷のなかに生きています。ただ子供の感傷は、日々の流れの中での、ほんのささやかな一瞬の心の動きでしかありません。あくまで一過性のもので、とくにその場で考察を加えたり、感傷の変化をのちに反芻したりはしないもの。云ってみれば一瞬ののちにはじけてしまう、シャボン玉のような心の動きなのです。／その心の動きをいのもとさんは、詩文の形で記され、しかもそれが残されていました。」と。

いのもとさんが、ノートに記した詩文のなかに、「出征兵」と題されたものが残されています。当時の「大東亜戦争」（太平洋戦争、一九四一—一九四五）に召集されて出征していく人とその家族の様子を描いています。この詩文では、出征兵が、捕捉された蝶として描かれ、「一枚の絵」となっています。以下は、その一節です。

「小さな赤紙が　天から下りて　隣の家の　小父さんを捕らえた　御国のために　目出たき事と皆が云う　萬歳の陰で　隣の小母さんは　そっと涙を　拭くばかり　小父さんが

帰るか　帰れぬかは　最早　誰にもわかるまい　小母さんの暮らしは　今後どうなる　決して目出たき事　ばかりでは無い　誰かが行かねば　ならぬから行く」(『戦争の頃、子供だった――いのもと　よしひろ詩文集』奥津千恵子編、三栄書房、一九九五年、二一七ページ)。

当時、「赤紙」と呼ばれた一葉の召集令状が、隣の家の小父さんのところに届きました。もう、巨大なお国の力による「兵士となって、お前の命を国に捧げよ」という厳命から逃れることなど到底できるはずもありません。周囲の皆は、「目出たい」、「目出たい」と口々に言います。お国のためにお役に立てるから、天皇陛下のおんためにその貴い命を捧げることができるから、「目出たい」と言うのです。家族との別れが悲しくつらいとか、まだ命が惜しいとか、もし戦死するようなことになったらどうしようとか、そんな「女々しい」ことや「非国民」の言うようなこと(これらの言葉は二つとも、戦時中はよく使われたものでした)、不吉なこと、不安なことは、誰も一言もいいません。空々しい響きさえする、「目出たい、目出たい」という言葉を、互いににぎにぎしく交わすだけなのです。ほかに、何も言いようがないのです。でも、少年の目は、そのときの「今ここで」、「萬歳の陰で　隣の小母さんは　そっと涙を　拭くばかり」という姿を、見ています。そして、それに目をつぶることなく、密かに「一枚の絵」として、自分のノートにこの詩文を書き記していたのです。「決して目出たき事　ばかりでは無い」という言葉は、すでに、その当時の時代と社会を越えかけている少年の眼差しさえも感じさせます。

子どもの眼差しが、大人たちがそれから目をそむけようとする、隣の家の小母さんのありのままの「そっと涙を拭う」姿に、真っすぐに向けられていることに、僕たちは驚きます。僕たちは、一人の少年によって残された詩文のおかげで、一人の少年のその時の「今ここ」での澄んだ眼差しの世界に、引き込まれることができるのです。少年は、隣の小母さんの世界にそっと近づき、「小父さんが帰るか　帰れぬかは　最早　誰にもわかるまい」、「小母さんの暮らしは　今後どうなる」、「誰かが行かねば　ならぬから行く」とつぶやくのです。いのもと少年は、当時、次のような詩文も書き残しています。

「傘屋の店主(おやじ)が　防空演習の指揮　奥さん達を　大声で叱る　常々は　腰の低い人柄なのに　束の間の役目に　人は酔う」(同前書「天佑神助」、二一三ページ)。そして、「私は生涯　威張らない　威張るべき　何物もなし　相手の立場で　応対を変える　そういう人には　為りたくない」(同前書「空威張り」、一〇五ページ)。

ここに、このように、子どもとして、大人の世界を見ていた少年がいたのです。この子どもは、大人が気がつかないところで、すでに、大人の世界に入り込み、その世界を冷静にながめていたのでしょう。「子どもたちは私たちを見ている」、その現実の実例を、僕たちはここに見ることができます。

子どもが、大人の知らぬうちに、大人の世界へ密かに入り込むことがあるとすれば、大人も、また、子どもの世界に入ることを許されることがあります。

子どもの世界に入る——「冷たい朝風呂」の挿話

ダウン症の子どもであるタカアキ君のお母さんは、こんな風にして、タカアキ君の生きている世界に入り込むのでした。

「五月一〇日／　昨日(それは日曜日で〝母の日〟だった)は、朝五時半におしっこに起こしたら、それきりもう床にはいりません。台所にいて、ジャーから御飯をよそっているので、おにぎりをつくって食べさせました。『まだ早いからもう少し寝ましょう』と二階に連れていき、蒲団のなかへいれましたが、十分くらいでまた起きだして、階下に降りていきました。／　しばらくゴトゴト音がしていましたが、そのうちシーンとしているので、気になって降りてみますと、部屋にいません。玄関は鍵がかけてあり、出ることはないので、風呂場をのぞいてみると、前夜半、最後に兄がはいって火を消した風呂のなかにつかっていました。／　おにぎりで腹ごしらえをして、皆の寝ているうちに朝風呂としゃれこんでみたまではよかったのでしょうが、はいってみると、いつもの風呂と違って日向水のように冷たいので、面くらっていたところだったのでしょう。普段は、お風呂にはいってもなかなか沈まないで、温めるのに苦労をするのですが、その時は肩まで水の中に沈んでいました。／　そのままあわてて出してしまうと風邪を引かせることになると思ったので、『おしゃがみしているのよ』といってガスの火をつけ、前夜十二時ごろまで起きていた私は、眠さも吹っ飛んで、とうとう、朝風呂までつきあわされてしまいました。／　どんどん温かくなるお湯をかきまわしながら、『隆明、今日は〝母の日〟なのよ。朝の五時半から起こされるなんてつらいね』と、独り言のようにボヤイていました。／　それでも、いい温度になるころには、一緒にお風呂につかりながら、ジャングルジムの歌を歌っていました。彼がひとりでせっけんをつけたので、すすいでやろうと腕のなかにかかえてやると、私の顔を見上げてニッコリ笑いました。私は、『タカアキ！　あんたは可愛いよ』といいながら、頭をこすってやりました。」(正村公宏『ダウン症の子をもって』新潮社、一九八三年、六四―六五ページ)。

この日記風の記録に、どんな印象をお受けになりましたか。

僕が、この「一枚の絵」を最初に読んだのは、十年以上も前のことですが、そのとき以来、ここに描かれた様子が、僕の心の目に焼き付いて、今日まで消えることはありませんでした。それは、この「一枚の絵」が、それだけで、タカアキ君のご一家の歴史を思わせるからなのかも知れません。男のお子さんが生まれた一家の喜び日、その男の子・タカアキ君がダウン症(一種の知恵遅れ)と分かった衝撃の日、そして、その衝撃を克服して来た一家の日々、そうした日々が、この「一枚の絵」を通して、僕には見えてくる思いがするのです。そして、そうした日々の歴史を思うとき、この記録に描かれたお母さんとタカアキ君の出会いの幸せが、僕の心にしみじみと響いてくるのです。

タカアキ君は、昨夜沸かしたお風呂のお湯は、朝ともなれば、すっかり冷えているはずということに、少しも思いおよびません。だからこそ、一人朝風呂と洒落込んだつもりだったのでしょう。そこまではよかったのですが、その風呂の湯のぬるさ冷たさにとまどい面食らい、いつもなら身体を湯船から出してはしゃぐのに、その湯では、おとなしく肩まで沈めて、何とかそのぬるさをしのごうとしていたのでしょう。そこに、心配したお母さんが、顔を出します。その出会いで、お母さんのなさったことが実に素敵です。「タカアキ、一体、何をしているんです！」と大声でどなって叱り付けてもよかったのです。でも、そうはなさらずに、その子の様子を、「私の顔を見ると、なんとも奇妙な笑顔を」していると受けとめ、直ぐにタカアキ君が風邪を引くことを心配し、風邪を引かないためには、お湯から出ずに、まず、お湯を温めてまず身体をよく温めることが必要だ、と考えます。でも、タカアキ君一人では、仮に「待ちなさい」と言っても、お湯が温まるまで待ち切れないことを思ったのでしょう。あるいは、冷たいぬるま湯の中で一人待たせることを可哀想とお思いになったのでしょうか。お母さんは、ためらわず、「私も一緒にはいりました」となるのです。母子二人、早朝、冷たいぬるま湯のお風呂に浸かって「一緒にお風呂につかりながら、ジャングルジムの歌を歌って」、お湯が暖まるのを待つ図、なんという微笑ましい図でしょう。そこには、言葉に表して言う必要のまったくない母親の深い愛情が溢れています。そして、「腕のなかにかかえてやると、私の顔を見上げてニッコリ笑いました」というとき、タカアキ君のお母さんの腕にだかれて安心しきった幸せな気持ちが、僕たちにも伝わってくるようです。それは、お母さんが、タカアキ君の生きているぬるま湯の世界に、自ら飛び込んで、同じ冷えたぬるま湯の世界に入り込み、その同じ世界を子どもと共に生き、そして、そのことを心から楽しみ喜んでいる姿が見えて来るからでしょう。タカアキ君も、そのようにして、図らずも、お母さんと一緒に、同じお風呂に入って、しだいに温かくなってくるお風呂のお湯の感覚を喜び楽しんでいるのでしょう。

この世界で、お母さんが、自らを子どもから離れたまま、言葉で小言を言うのではなく、子どもが浸かってこまり切っているぬるま湯にためらわず入って行って、そのぬるま湯が温まるまで、一緒に「ジャングルジムの歌を歌」う、しばらくの時を子どもと共に過ごされたということの成り行きの意外さに、僕は驚くとともに、はっと心を打たれたのです。そして、タカアキ君は、この出来事を通して、たとえ無言ではあっても、お母さんの心の温かさを感じとったに違いない、そう僕には思われるのです。「あんたは可愛い」と言葉で言うだけではとても伝わらない無私の愛情が、このお母さんの行為そのものに溢れているようです。そして、そのことを、子どもとして、基本的信頼感と安心感とをもって、感じているることが、タカアキ君の「私の顔を見上げてニッコリ笑」うその笑顔に、流露しているのではないでしょうか。大人にも、このように、子どもの生きている世界に、参加する機会に恵まれることもあるようです。それは、もちろん、まったく些細な出来事にすぎない、とも言えるでしょう。でも、日常生活における、そうした些細な出来事の一つひとつが、母子の間の絆を強め豊かにするのです。そして、そうしたささやかな出来事の積み重ねの沈殿が、人間の一生の歴史をつくって行くのではないでしょうか。

さて、次に訪れるのは、「教師と子ども」の世界です。この世界で、僕たちは、「教師の世界」に入ったり、「子どもの世界」に入ったり、自由自在に変身することを試みることにしましょう。

「教師と子ども」の世界——「子どもへの敬意」

第1幕「凡の世界」で見たような特質をもつと考えられる子どもを、大人は、つい何か自分よりも程度が低いものと見下しがちです。ですから、子どもが抱くべき感情として

「教師への敬意」をごく当然のこととしていながら、教師の「子どもへの敬意」という言葉を聞くと、その意外性にびっくりし、反発する教師さえ現れます。恐らく、一般の大人たちのなかにも、この言葉に驚く人々は多いのではないでしょうか。

僕が、個人的に親しくしていただいた教育実践者・武田常夫さん(一九二九—一九八六)の次の言葉は、とくに教師や親ごさん方に、お贈りしたい言葉です。

「子どもは本質的に高いものを求め、低いものを拒絶する存在なのである。」(武田常夫『真の授業者をめざして』国土社、一九九〇年、一九一ページ)。そして、子どもの求める「本質的に高いもの」を用意し続けることは、子どもを教育する教師にとって、きわめて困難な、しかし、やり甲斐のある仕事なのです。僕の敬愛する武田さんが、生前、尊敬して止まなかった教育実践者・斎藤喜博(一九一一—一九八一)の、群馬県境町境小学校での校長としての実践について、書いた文章があります。それは、今日の教育に関心を寄せるあなたには、ぜひ読んでいただきたい一文なのです。

「境小学校において、斎藤先生は、朝の会のとき、きまって全校の子どもたちに向かって短い話をされた。先生の話は、一年生にも十分わかる明快な平易さと、おとなである教師をもふかくゆりうごかさずにはおかない新鮮な内容をはらんでいたのである。芝生の緑がきらきら映える朝の校庭に、整然と立ちならぶ子どもたちのなかに、先生の明晰なことばのいちいちが、しずかに吸いとられていくのが見えるようであった。／……（中略）……／わたしが境小において聞きえた斎藤先生の朝の会での話はずいぶん多くの量におよぶ。しかしそこにたえず一貫して流れているものは、おのれの追求と思索のいっさいをかけて全力をあげて子どもに語りかけようとする謙虚な情熱であった。子どもを未熟なものとしてではなく、真にあたらしい教育の現実を創造する主体者としてとらえ、それがはらむ無限の可能性へよせるふかい敬意と信頼の感情なのであった。それが子どもを打つのだとわたくしは思ったのである。／子どもは教師のことばを聞いている。しかし同時に子どもはそうしたことばの背後にあって燃焼する語り手の精神の実質をも直截に感じとっているのである。自分とたたかい、苛酷な現実とたたかいながらみずからをつくりあげてきた人間のもつ真の威厳とやさしさがたたえる、清冽な息吹きをも聞きとっているのである。」（一九一—一九三ページ）

あなたは、この文章をどんな風にお読みになったでしょうか。武田常夫なる人物による斎藤喜博なる人物の「礼賛」としてでしょうか。もし、そのような「人物礼賛」としてなら、あなたが、この文章を読んだだけで、共感することは困難かもしれません。そして、僕も、そのような共感を、あなたにただちに求めるなどという無理なことはまったく望んでいません。そうではなくて、あなたにお願いしたいのは次のことなんです。つまり、教師と子どもとの「出会い」において、教師が、そして大人が、子どもに対して「敬意と信頼」の感情を現実にもつことの現実性と可能性について思い描くこと、そして、子どもがそのような大人の感情のみならず「精神の実質」をもを「直裁に感じ」とり、そして、心「打たれる」ということがある、その現実性と可能性について思い描くこと、です。ここで、これまで、あなたに持っていただいているあの「鍵」、現実性と可能性の「鍵」の、呪文のような言葉も、思い出して下さい。僕は、たまたま、武田常夫と斎藤喜博という二人の方々と、同時代人として、直接に親しく「出会う」体験を十年前後にわたってしていますす。そのため、少しの抵抗もなく、右の文章に描かれた現実性を信じて、そのありように共感することができます。しかし、この文章を読むだけで、そのような僕の共感をあなたと分かち合うことは無理だ、ということも僕は十分に承知しているつもりです。そのようなご無理はなさらないでください。ただ、一つの可能性として、思い描くことをしていただきたいのです。そして、その可能性を背景に、あなたの目の前の子どもとの「出会い」の現実性を考えていただきたいのです。

さて、「真にあたらしい教育の現実を創造する主体者」としての子どもに、「ふかい敬意と信頼の感情」を寄せる教師の「ことばの背後にあって燃焼する語り手の精神の実質をも」子どもたちは、「直截に感じとっている」とあります。そうです、そのように感じとる力、それは、あの井上靖さんの書いた、子どもがもっている「大人たちの想像もできない鋭い触角」です。子どもの「鋭い感覚」です。そして、「神さまは適当な時期に子供からそのすばらしい武器を取り上げてしまう」とも、井上さんは書いていました。しかし、教育の仕事とは、その神様のお手伝いをすることなのでしょうか。いや、むしろ、その神さまに逆らっても、子どものその「武器」つまり「鋭い感覚」を、大切に、さらに豊かに育て上げて行くことではないのでしょうか。それとも、その「鋭い感覚」を抑圧し、窒息させ、型にはめ、押し潰して行くことが教育なのでしょうか。

時に、長年にわたるそのような窒息させ押し潰す教育を経て「鋭い感覚」をすっかり取り上げられてしまった大人たちが、辛うじてまだ「鋭い感覚」取り上げられるには至っていない子どもたちと「出会う」ことがあります。そして、子どもが感じていることなど、教師は、まったく感じることもできない、という悲劇的な状況が生まれてしまうのです（林竹二・灰谷健次郎『教えること と 学ぶこと』小学館、一九八六年）。ご一緒に、お祈りして下さいませんか。子どもの「鋭い感覚」よ、永遠なれ！　かつて子どもだった、いまその大人時代を生きている私たちに、あの子どもの「鋭い感覚」をどうか取りもどさせて下さいますように！　神さま、お取り上げになった「鋭い感覚」を、どうか、大人となった多くの人々に、お慈悲をもって、お返し下さいますように！

そのためには、大人である僕たちが、今ここでその人の子ども時代を生きている一人の人間であるこの子どもに対して、やはり、僕たちも同じ一人の人間として、真心をもって、対面することが求められるのではないでしょうか。また、そのように対面して「出会う」ことを通して、僕たちにも、子どもの繊細で鋭敏な感受性が、甦ってくるのではないでしょうか。そのような機会をとらえて、神さまは、あの「鋭い感覚」をお返し下さるのではないでしょうか。そのようなことが起こったとき、僕たちは真に深く子ども「と」出会うことになるのでしょう。そして、そのことは、子どもにも、僕たちにも、人生における喜びと幸せをもたらしてくれるのではないでしょうか。

私の「内なる子ども」・「老いた子ども」発見の喜び

今、その人の子ども時代を生きているその人に、今、大人時代を生きている私が、一人の人間として真心をもって対面する。そうすることで、子どもは大人による「子ども『と』出会う」を経験する。そのことは、時として、その子どもの一生の宝となるような、貴い経験となる。そして、そのことは、子どもの「発育」、「発達」や「学習」のためにたいへん良い。そうした経験を子どもに持たせることこそが、子どもの「教育」としても望ましいのだ。旅の道連れの「僕」は、どうも、そう言いたがっているようだ。

そのように、あなたは独り言なさっている。

いえ、いえ、ちょっと、ちょっと待って下さい。あなたの独り言に、口をはさむつもりは僕には決してないのですが……。でも、それだけじゃーし、僕が、これまでご案内した、いくつかの世界の訪問が、あなたに、もう一つ別の側面があることを、十分に納得していただくには足りなかった、ということになってしまうんです。

なぜなら、僕の考えでは、あなたが、子どものためを思って、「子ども『と』出会う」努力を必死になってなさるというだけでは、そのあなたの努力は、どうも長続きしないのじゃないかなー、と心配になるからなんです。それに、「出会い」には、それだけでは尽くせない大切な側面があるからなんです。つまり、僕の言いたいことはこうです。「子ども『と』出会う」ことは、子どものためになる、それは、もちろんです。しかし、それだけではなく、大人のためになる、僕たちのためにもなる、とこういうことなんです。ここでの「ため」は、あくまで結果としてなのであって、それを目的とする「ため」ではありません。この「ため」は、いずれ訪れる「暗の世界」での「ため」とは全然違います。それは、あなたには、あとできっと覚っていただけることでしょう。

「子ども『と』出会う」ことが「大人のためにもなる、僕たちのためにもなる」、そのことを考えてみましょう。

たとえば、小児科のお医者さん。お医者さんが子どもの「ため」になる、それは勿論です。でも、お医者さんが「子ども『と』出会う」ことができると、それは、お医者さんの

「ため」にもなるらしいのです。大人の世界の刺々しい争いの日々に直面して暗い心を抱いて苦しんでいた頃の経験について、小児科医の小林登さんは、こう書いていらっしゃいます。「その私の暗い心をいちばんやすめてくれたのは、回診のとき病棟でみるこどもたちでした。とくにその目なのです。(中略)。赤ちゃんの患者のなかには、じっと目をみつめていると、にこりと笑うようになる子も多いのです。小児科医としての私と、患者としてのこどもとのあいだに、ある種の人間関係ができあがったのです。ぎすぎすした人間関係で、暗い心の私は、こんなとき人間としての救いを感じたのです。」(小林登『子どもは未来である』岩波書店、一九九三年、三三一ページ)。お医者さんが、患者の赤ちゃんの目とその笑いで、人間として救われる、ふしぎだと思いませんか。「子ども『と』出会う」のは、大人の「ため」となるのです。

そこで、僕はこう考えるんです。人間というものは、一生、「子どもの心」をもっているものだって。芥川龍之介も『侏儒の言葉』で、「勲章も——わたしには実際ふしぎである。なぜ軍人は酒にも酔わずに、勲章を下げて歩かれるのであろう?」(芥川龍之介『侏儒の言葉・西方の人』新潮文庫、一六ページ)と言っていたじゃーありませんか。別の言い方をするならば、当時、カイザー髭をピーンと生やして、いかめしい顔をして、肩をいからしている将軍たちも、あのように勲章をぶら下げて喜んでいるところを見ると、きっと「小児の心」、「子どもの心」をもち続けているに違いない、ということなのでしょう。また、言い換えれば、人は酒に酔えば、子どものようになる、つまり、普段は隠されて居る「子どもの心」が、お酒でおもてに現れて来る、ということでもあるのでしょう。確かに、一見、すべての大人に「子どもの心」が残っている、とはどうも思えない、ということもまた事実です。でも、「三つ子の魂、百まで」でしたよね。優しい子どもは大人になっても優しい心をもっているし、意地悪な子どもは、大人になっても、なかなか変わらない、などと言うこともあるんじゃないですか。「子どもの心」は、人間の一生の経過で、どうなっちゃうんでしょうか。それは、死に絶えてしまうのでしょうか、それとも、どこかに潜伏して隠れているんでしょうか。

子どもから大人になる過程で、周囲の人々から、「そんな子どもっぽいことを!」と、からかいや非難を込めた口調で言われた経験が、あなたには、ありませんでしたか。そして、そのように言われたことで、たとえまだ少しは未練があっても諦めてしまい、それをすることを止めてしまった、などというようなことはありませんでしたか。そのようにして、私たちの「子どもの心」は、大人になるために、抑圧され、窒息させられ、型にはめられ、押し潰されて、死に絶えたり、地下に深く潜って隠れてしまったりしたのではないでしょうか。そのことは、井上靖さんの言った、「神さまが取り上げてしまう」という「鋭い感覚」の運命にも、つながっているのではないでしょうか。こんなことが言われています。

多くの老人たちが、「潜在的に老人らしくない行為ではないかと前もって感じる罪悪感によって、かなりの量の遊び心や好奇心を抑制してしまう。ところがそのような行為でも孫たちと一緒にするのは、また違ったはるかに許容できることとしてみなされる。したがって、多くの老年者たちが、他の多くの場面や、その老人の毎日の生活の部分を占める他の多くの人々と一緒では年齢不相応だと考えられる自発性を自由に熱心に表出するのは、孫たちと一緒の場合なのである。」(E・エリクソンほか、朝長正徳・朝長梨枝子訳『老年期』みすず書房、一九九〇年、一九五ページ)。

つまり、老人は、他人に言われる前に、自分で、「これは老人らしい、いや、これは老人らしくない」などと感じてしまい、内にもっている「遊び心」や「好奇心」を圧し殺してしまうのですね。でも、そのように圧し殺されかねない「遊び心」や「好奇心」も、孫たちと一緒なら、言わば、孫たちが喜ぶからという口実で、実は、自分も楽しいのですが、人目も気にせず、そして、自分の「罪悪感」や気恥ずかしさも感じないで、「老人らしくない」などと言わずに、自由に楽しむことができる、という訳です。

このことは、もっと広く言えば、「遊び心」や「好奇心」に限らず、子どもがもっている自由な発想や、「鋭い感覚」などについても言えることでしょう。また、さらに、老人に限らず、親も、教師も、本当に「子ども『と』出会う」ときに、窮屈な「大人の型」から解放されて、子どもっぽい遊びや空想に加わることで、圧殺されかけている「内なる子ども」、「子どもの心」を、蘇生させることができる、ということでもありましょう。

「子ども『と』出会う」ことは、老人にとって、そして、一般に大人にとって、そのような貴重な機会を与えてくれるものなのです。

では、「子どもの心」が、「内なる子ども」が、私たちの一生を通じて、生き続けるということは、私たちにとって、どんな意味があるのでしょうか。それは、私たちの全体性を失わないという意味がある、と思われます。私たちが、狭く専門化して、多様な役割に分化して、職場と家庭の間で引き裂かれたり、さまざまな集団の間で引き裂かれ、人間として支離滅裂になり、ばらばらになってしまうことから、救ってもらえる、という意味がある、と僕は思います。子どもは全体性を保った存在であり、私たちは、「子ども『と』出会う」ことによって、私たちの全体性を保持し、取りもどし、蘇生させたりするのです。そして、そのことは、これからの時代に、私たちが、美しく老いることを可能にしてくれる、という意味もあるのだ、そう僕は思うのです。幼いお孫さんたちと明るく遊ぶことを、満面に笑みを浮かべながら楽しんでいるお祖父さんとお祖母さんの姿は、「美しく老いる」典型的な姿でしょう。子どもは、それを可能にしてくれる大切な存在なのです。

人間は、老いるにしたがって、言わば、能力も、性格も、子どもに帰って行く、といいます。そして、その帰って行くべき子どもの姿は、実は、「大人として」振る舞わなくてはならなかったそれまでの大人としての人生途上では、圧し殺し、人格の奥深くに隠さざるをえなかった「内なる子ども」(Inner-Child)なのだ、という考えがあります。その「内なる子ども」が、老いるに従って、もう一度もどって来て、人格全体と再び統合され直し、世のしがらみに縛られた執着や我執から解放されて、人生の英知を身につけた「老いたる子ども」(Elder-Child)となる、というのです。それは、東洋の白髪白髭の「翁」のイメージがそれに重なるように思います。

また、美しく老いる／老いた人々についてのある研究では、こんなことが言われています。

美しく老いた人々の共通の特徴として、(1)環境や自己における変化や喪失を受け入れている。(2)現在、可能である(自分にできる)物事に適切に関わり、それを楽しんでいる。(3)個人的同一性(personal identity)(その人らしさ)にとって重要であると思われるような事柄をする能力をまだもっている。(4)(自らの)人生の、過去、現在、未来に満足している。(V. Quinton Wacks, "Realizing our inner Elder-Child: Toward the Possible Human." *Journal of Humanistic Psychology*. Vol. 34. No. 4, Fall 1994. 78-100. p. 80.)

「子ども『と』出会う」ことは、僕たちが、そのように「美しく老いる」ことを助けてくれるのです。しかも、実は、「美しく老いる」ことは、老人になってから急に思い立ってすれば、いつでもできるというような単純な事柄ではどうもないようなのです。「子どもの心」をその一生を通して殺戮し尽くし、一度も蘇生させることの無かったような人には、老人になって、急に「子ども『と』出会う」ことを求めても、それは非常に困難になってしまうでしょう。そうした老人の姿は容易に思い描くことができましょう?

子どもは、僕たちの一生を通じて、僕たちの「幼い心」「若い心」を、保つことと育てることを助けてくれる存在なのです。それが、初めに、「ため」になると言ったことの意味です。これが、「『と』の世界」のもうひとつの意味です。

子どもは、その人の一生の子ども時代を生きている。今ここでの、あなたとこの子どもの「出会い」、「子ども『と』出会う」は、「子ども『と』共に生きる」、「子ども『と』共に育つ」の世界と互いに融合しているようです。

さて、私たちの「『と』の世界」の旅も、そろそろ、終わりにしなければなりません。お名残惜しいのですが、この宇宙世界は広大で、まだまだ、訪れなければならない世界がたくさんありますから。

おわりに

この「明の世界」を離れるに当たって、心に残る詩をあなたとご一緒に読むことにしましょう。

「あなたの髪を梳(す)きつつ／思うこと／／わたしが死んでしまっても／なお　のびつゞけるであろう／この愛(いと)しい髪／／なお降りつづけるであろう／今日のような細い春雨／／なお　つゞくであろう／運命のうねった小徑(こみち)／／この一瞬　わたしの櫛は／不気味な戦慄とともに／みしらぬ未来の国をかすめる／／あなたの髪を梳きつつ／思うこと」(「みち――紘子に／三井ふたばこ」『日本の詩歌 二七 現代詩集』中央公論社、一九七〇年、三五六―三五七ページ)

お嬢さんの紘子さんの髪を櫛で梳いていると、髪の筋が、未来につながる運命の小徑に見えてきて、この目の前の子どもが生きて行くことになるこれからのうねった「みち」を、そして、未来の国を思う、というのです。その国は、この子より先に死ぬことになる私は、この子と一緒には行けない、そういう国です。不安を孕んだ戦慄とともに、どうしても、その幸せを祈らずにはいられない、そういう未来の国です。この母は、この目の前の子ども『と』出会っているのでしょう。そして、祈っているのでしょう。

実は、この「子ども『と』出会う」の世界を僕たちが訪れたのは、この真なる、善き、美しく、聖なる、明るい、喜びの、楽しき世界を、僕たちの「日常生活の世界」と化することを、願ってのことだったのです。

もう時間が来たようです。次の世界に向けて出発しましょう。いや、その前に、短い幕間の時間があったようです。では、また、後程……。

幕間

第2幕「明の世界」の幕はいま下ろされました。客席では、第2幕で出会った「子ども『と』出会う」の人々を想い、感動して下さった方々もいらっしゃたようです。おそらく、僕の考えでは、心が素直で、気持ちの澄んだ方々なのでしょう。「ほんとうに、まったくそうだ。」と言う声も、そして、鳴り止まぬ拍手もあちこちから聞こえています。僕も、おおぜいのお客様に、そして、特にあなたに、第2幕の世界を共に旅するだけでなく、共感していただいて、本当にうれしいです。この幕間には、ひとときの安らぎもあります。この場をお借りして、僕の感謝の気持ちを表し、深々とおじぎをいたします。

ところが、ところが、その直後です。客席の一隅から、僕の耳には、やや下卑ているとさえも聞こえるような大きなどなり声で、「これは、みーんなきれいごとだ!」と客席全体に向けて叫ぶ人の声が、聞こえてきたのです。一体、だーれの声なのでしょう。「きれいごとだ」とはどういう意味なんでしょうか。そして、そう断言してはばからないのは一体全体、どこの誰なのでしょうか。聞き耳を立てていますと、さらに、こんな声が聞こえて来ました。「餓鬼――（子どもたちを、この人はこう呼ぶようです）――に何を教えたって、てーしたこたあねーよなあ」。これは、実は、僕が大学で、つまり、一九九〇年代の僕の「現実の世界」で、実際に聞いたことの覚えがある、一人の大学生の言葉です。「あいつは、よー。えれー大げさな偉そうな台詞を抜かすじゃねーか。『子ども「と」出会う』だってよ。何いってやがんでー、ちゃんちゃらおかしいぜ。きれいごとと建前ばかり言いやがって。餓鬼のつらに、一体全体、何が、あるってーんだ。何もありゃしねー。ふざけんのも、いい加減にしろってんだ。大学の先生ってーのはな、まあー、専門馬鹿ってーのか、世の中のこたー、何も知らねー。それが商ベーだたあ言えば、まあ仕方がねーがよ。でもよ、何も知らねーのに、知ったかぶりしやがって、俺たちに説教しようとしやがるのが、どうしても俺の気にはいらねー。何の役にも立てね――ご立派な御託を大げさに抜かしやがって。こんなきれいごとばかりは、やめろってんだ。このど阿呆、馬鹿野郎。」

この罵声に対して、僕は、胸をどきどきさせながら、表面はあくまでも平静に、多少気取ったような物知り顔をして、「馬鹿野郎」という声もまったく聞こえなかったかのように、「言葉は品格を示す」などと呟いて、知らん顔するのも一つだったでしょう。また、

「縁無き衆生は度し難し」、と軽蔑の眼で見下し、無視した振りをするのも、また、一つだったでしょう。真心をもっての「出会う」には、「怒り」もまたあるのだ、とばかり、「何を！」と青筋立てて、腹立てて、押っ取り刀で現場に駆けつけて、声の主たちと殴りあいの喧嘩を始めるのも、また、一つだったでしょう。

だが、ちょっと待てください、彼らが言うことにも一理あるのかも知れませんよ。少なくとも、第2幕の世界が「すべてきれいごと」だと叫ぶ彼にも、彼なりの理由があるに違いありません。だって、彼も、僕たちの同時代人なんです。同じ日本語を話す仲間なんです。そして、同じ地球上の人間です。彼らも、僕たちと同じように、かつてその子ども時代を生きた人間たちだったのです。きっと、何か僕たちと深い縁のある人々なのでしょう。僕たちのこの「驚き」も、彼らと僕たちとの「出会い」の発端なのかも知れません。

で、第3幕では、その罵声のことも心に留めながら、「きれいごと」でない世界、つまり、「暗く醜い」「汚れごと」の世界への旅に、ご一緒したいと思います。その世界の名前を「暗の世界」と呼ぶことにしましょう。

第3幕——転

暗の世界——子ども「を」利用する

「人々がどれほど自分以外の人間を思いやることができるか、というのが、社会の文明度をはかる基準である」(ピーター・リーライト、さくまゆみこ／くぼたのぞみ訳、『子どもを喰う世界』原題“Child Slaves”晶文社、一九九五年、一二ページ)

第2幕で、「明の世界」の心和む優しさに浸っていた僕は、幕間での、「こんなのは、みーんなきれいごとに過ぎない」とか、「こんなのは、ただの甘い夢物語に過ぎない」といった、非難と罵倒の声に、まるで汚水をかけられたようにショックを受け、ひとり密かに憤慨したりもしました。そして、そのあと、すっかり落ち込んでしまいました。僕は、あれやこれやで、しばらくぼんやりしていると、いつの間にか、もう第3幕の幕が上がっていました。そして、あの罵声に追い立てられでもしたかのように、気がついてみると、僕たちは、もうこの第3幕の「暗の世界」に引き込まれていたのです。誓って申しておきますが、この世界にあなたとご一緒にやって来ることを、僕は、最初から自分で望んだわけではありません。むしろ、実は、この世界を訪れることは、正直言って、いやでたまらなかったのです。でも、こうした世界がこの世に存在することを、僕も知ってはいました。忘れていたわけでもありませんでした。それに、この世界は、第2幕の初めに、いずれ訪問することにしましょうなどと、軽率にも、僕はお約束をしてもいました。で、僕は、躊躇しながら、不案内なこの世界に入って来てしまったのです。でも、あなたとご一緒なら、なんとか旅を続けて行く勇気も出て来そうです。あなたも、ご一緒に元気を出し、覚悟を決めて、この「暗の世界」の探検旅行に突入して下さい。さて、第2幕の冒頭で、簡単に申し上げておりましたように、この世界は、「子どもと出会う」における子ども「を」対象と化し、物と化し、手段と化し、道具と化することによって、「暗さ」を引き寄せている世界です。「子ども『を』」という対象と化する表現から、この世界を、「『子どもと出会う』の世界」のなかの、「『を』の世界」とも、呼ぶことにしておりました。このことを、どうか、思い出して下さいますように。

「明の世界」が、陽画「真善美聖明喜楽の世界」であったのに対比しますと、この世界は、言わば、陰画「偽悪醜俗暗悲怒(ぎあくしゅうぞくあんぴど)の世界」です。この音を、少し入れ替えれば、「逆襲賊奴安否」(ぎゃくしゅうぞくどあんぴ)と表現され、「明の世界」に逆襲する賊の奴らがいて、「明の世界」の子どもたちの安否が気遣われる、という意味に取ることもできます。この表現のさらなる意味づけは、ご自分で自由に試みて下さい。これは、「きれいごと」からは程遠い、世の人々によって口癖のようにいわれる、いわゆる「厳しい現実」の世界です。しかし、これが本当に「現実の世界」であるのかどうか？僕としては、むしろ、この世界こそが、ただの夢幻の世界であって欲しいのです。目覚めたら、ただの悪夢だったということになる世界であって欲しい、そういう世界なんです。しかし、ひとは、これこそが、「厳しい現実の世界」、「きれいごとでない世界」、「建前でない世界」、「本音の世界」、……である、とおっしゃいます。そして、それ以外の世界は、偽の世界、嘘の世界、きれいごとの世界、絵空事の世界、建前の世界、つまり、まやかしの作り事の世界である、とおっしゃいます。それらのどちらが、真であるか偽であるか。その辺のことは、今ここで決着をつける必要はまったくありません。というのは、僕たちは、『子どもと出会う』の世界」の「疑似現実の世界」のうち下位世界の一つとして、今ここに、この「暗の世界」を訪れるだけなのですから。どうか、この点もお忘れになりませんように。

あなたは、「暗の世界」も『子ども「と」出会う』の世界」の下位世界なのかなあ、などと不審な顔をしていらっしゃいますね。そのご不審はごもっともです。でも、それはそうなんです。ちょうど、プラスの数だけでなくマイナスの数も「数」であるように、実数だけでなく虚数も「数」であるように、陽画である「明の世界」だけでなく、陰画の「暗の世界」も、『子どもと出会う』の世界」の下位世界の一つなのだ、そう考えて、覚悟して、この世界に、ご一緒に、突入いたしましょう。さあ、お覚悟！　突撃！

『を』の世界」、「……としての子ども」と見る世界

おっとっと。ちょっと待って下さい。ここで、『を』の世界」とは何かということについて、長々と、哲学者のように厳密な概念規定に時間を費やすことは止めておきましょうね。あなたも僕も、「明の世界」の長旅や「幕間」のあの衝撃的な出来事で、もうかなり、疲れてもいるのですから。ただ、次のことは明らかにしておきましょう。つまり、『を』の世界」では、子どもは、何らかの対象「として」、客体「として」、とらえられています。

それは、子ども「を」利用するためなのです。ですから、この世界を構成するさまざまな下位世界で、子どもが「何として」とらえられているかを見れば、それぞれの世界の最も大事な特徴を見ることができることになるでしょう。

でも、なぜ、子どもは「……として」みなされるのでしょうか。もちろん、すべての存在者・存在物は、「……として」みなすことが可能です。しかし、「子ども」が、そのようにみなされるには、どうも理由があるように思われます。その理由は、第1幕で僕たちが見た子どもの特徴が、子どもを、そのように「……として」見ることを容易にしていることにある、と僕は考えます。で、あのとき僕たちが数え上げた特徴を、念のため、もう一度ここに挙げてみましょう。「子どもにとっては、大人である私にとってと比べて、自らの誕生した日が近い」。「子どもが先に死ぬ」あるいは「子どもが後で死ぬ」、いや、「死は確か！　日時は不確実」であるだけだ。「子どもは、大人の私に比べて、身体が小さい」。「身体の大きさの成長の速度にも、一定の自明性がある」。「子どもは、大人の私に比べて、腕力が弱い」。「子どもに、魔力などはない」。「子どもは、大人の私に比べて、社会的な権力は弱い」。「子どもは、大人の私に比べて、経済的な力、金力が弱い」。「子どもは、大人の私に比べて、知的な能力が低い」。「子どもは、大人の私に比べて、感情や感受性が貧しい」。「子どもは、大人の私に比べて、より純真である」。「子どもは、自分が子どもであることを、心得ている」。……。もちろん、このリストはこれでは尽きません。が、「暗の世界」で、子どもの特徴がどのように利用されているか。ここから見えてくるのは、子どもが、大人にとって、扱いやすい存在者である、ということではないでしょうか。だって、大人のあなたよりも、小さくて、あらゆる力が弱くて、劣っていて、純真で、分を心得ていて、……。何と扱いやすく、御しやすく、だましやすく、文句も言わず、柔順で、無知で、……。おお、子ども、汝のその扱い易さよ！

では、この世界には、どんな多種多様な下位世界が展開しているのでしょうか。

社会変動を生きる大人と子どもの世界──悲劇の誕生

「暗の世界」の入り口として、今ここで、平和な日本社会を生きている今日の僕たちの世界とは違う、激しい社会変動に遭遇することになった大人たちと子どもたちの世界を訪れてみましょう。ここで言う社会変動とは、たとえば、戦争による社会の激変、革命による社会変革、……などです。もっとも、子どもにとっては、それに伴う出来事とその意味は、大人がとらえているものとは、当然のことながら、大きく異なります。政治的意味など分かりはしません。そして、そこから悲劇が芽生え、「暗の世界」が生まれるのです。子どもは、その悲劇の性格さえ理解することができません。ただ混乱し、とまどって、しかし、子どもの生き方で、生きて行くことになるのです。以下は、そうした世界を生きている子どもたちの言葉です。

「……学校でも何もかも変わった。先生方が、一年半前にぼくたちにしゃべっていたことと反対のことをしゃべるから。それで、みんななにがなんだかわからなくなって、成績も落ちてきた。いずれ失業者になるのなら、いったい何のために勉強しろというのだろうか？　シュテファン・ヴォルフラム、十二歳、……」（レギーナ・ルッシュ編、吉澤柳子訳・解説、吉澤昇解説『ドイツ統一と子どもたち——突然、何もかも変わってしまった』丸善ブックス、一九九五年、一七一ページ）。

「本当は私の人生はまったく〈普通〉のはずだった。三歳になると幼稚園に入った。六歳で学校に入り、1×1＝1やピオニールの敬礼や字を読むことを習った。『社会主義は良くて、資本主義は悪い』と私は教えられてきた。私はそれを信じた。先生の言うことは正しいにきまっているから。きっとあらゆることがずっとそのまま続くはずだったのだろう。誰かがこうすべきだ、というと、みんなで一緒にそうした。でも、あの変革があって、すべてが違ってしまった。私はもう、何をどう考えたらよいのか、わからなかった。一番正しかったり良いことだったことが、今は間違いで、悪だという。……私の頭の中はあれこれ考えて混乱した。さあ、何が正しいのか？　何が間違いなのか？……／ザンドラ・バルチュ、十三歳、ポーレンツ（ザクセン）」（同前書、一三八ページ）。

「先生方も一八〇度変わりました。『私たちは君たちに、ピオニールやＦＤＪ（自由青年同盟　十四歳から二十五歳までの青少年が入会）に入るように強制はしなかった』と先生方は言い張ってます。先生方は〈ただ〉すごく長い時間そのことを話しただけであって、それでそのうち聞いている私たちのほうがばつが悪くなって、自分から入る気になっただけのことだったのです。先生方はＳＥＤ〔社会主義統一党〕の党員になる気なんて全然なかったし、むしろいつもＳＥＤには反対していた、と言うのです。先生方が正直でないのは、ひきょうだと私は思います。……　ウルリケ・クラウケ、十三歳、フライベルク（ザクセン）」（同前書、一六八ページ)。

あなたもお気づきのように、これは、あの東西両ドイツの統一に伴い崩壊した東ドイツの社会の変動を経験している、子どもたちが求められて記した言葉なのです。十二歳、十三歳、十三歳、この子ども時代を生きている人々が、将来、大人になったとき、そして、老人になったとき、この経験をどのように回想することになるのでしょうか。

この貴重な書物の訳者・解説者は、次のように記しています。

「子どもたちが意見を求められるということはまったくない、といっても過言ではありません。まして、こと国家レベルでの政治の問題となれば、言うまでもありません。」(同前書、二〇ページ)。「旧東ドイツの子どもたちにとっては、生活習慣や価値観が突然大きく変わったことは、明らかに過重な要求を突きつけられたことであり、場合によっては我慢の限界を越えるほどの負担となってのしかかっています。何もかもが通用しなくなっています。以前は正しいとされたことが誤りとされ、善であったものは悪となり、そしてその逆もまたあるのです。……彼らは新たな道を探し求めているのです。」(同前書、二二一ページ、引用文中の傍線は引用者による)。

子どもが生まれた国や社会で、大きな社会変動、革命が起こったり、その国や民族が滅びたり、為政者が変わったり、侵略者が為政者となったり、その侵略者が滅びたり、……。さらには、子どもが、住む国、土地、を変えたりするときにも、その変化の大きさの程度は異なるとしても、子どもの経験としては、同様のことが起こる可能性がある、と考えられましょう。さらに、もう一歩すすめれば、当節しばしば取り上げられる「異文化体験」も、同様に考えられるかもしれません。恐らく、人類の歴史においては、この旧東ドイツの子どもたちのように、激しい社会変動による大人たちの激変にさらされた子どもたちが、無数にいたに違いない、と考えられます。ふと、フランス革命の頃、明治維新の頃……などの子どもたちは、どんな経験をしたのだろうか、と空想したりもします。

一九四五年、「大日本帝国」は戦争に敗れ、「第四等国日本」などと当時呼ばれた新しい国になりました。当然、それに伴う、激しい社会変動がありました。それは、軍国日本、大日本帝国から平和な民主国家日本、文化国家日本への変化だ、とされました。同様に、「一八〇度」の変化という言葉もしばしば使われました。そして、ちょうど、今日の旧東ドイツの子どもたちと同様の、社会的激変を経験をすることになった子どもたちがいたのです。実は、現実の僕もその一人です。僕と同じ世代の人々が、そのことについて書いています。そのなかの代表的な一人、山中恒さんの世界をしばらく訪れてみたい、と思います。山中さんは、四十四歳となった一九七五年の時点で、一九四五年つまり十四歳の夏に迎えた敗戦の体験について、生々しく記しています。

「ぼくらは小学校から国民学校にかけて、日本は神国であり不滅であるとくり返し教えられてもきたし、戦争は百年戦争で子子孫孫の代まで続けられると観念させられてもきた。事実、一九四一年十二月八日以後半歳の戦果はそれを信じて疑わないようにする効果があった。それなのに敗戦という思いもおよばぬ事態になったのである。／ぼくは戦争が敗戦で終わったことで、ひそかな恐れを抱いた。天皇陛下にお詫びするために自決しなければならないのではないかと思ったのである。ぼくは息を殺して周囲のおとなたちの様子をうかがった。おとなたちが自決するのを見て、その作法を確認した上で自決しようと思った。だが、おとなはそのことにひと言も触れなかった。監督の教師も放心状態のぼくらに、軽挙妄動するなといっただけで、腹を切る気配も見せなかった。／数日後、ぼくらは学校へもどった。ぼくらは、日ごろの言動から当然自決するであろうと思われる教師をひそかにリスト・アップして監視していた。だが、そのだれもが自決しなかった。」（山中恒『御民ワレ』辺境社、一九七五年、四八八―四八九ページ）。「そればかりか、その中から、日本が神国だなどというのは甚だしい迷信だという教師さえ現れた。そのとき、ぼくはどうして、その教師をなじることができなかったのだろう。かつて日本が神国であると教えられたそのときのように、どうして、素直に受けとめてしまったのか。そんなことは初めからわかっていたのだとこともなげに語る教師に、それならどうして初めからそれをぼくらに語らなかったのかとつめよるべきではなかったろうか。それができないほど、ゆがめられていた自分をたとえようもなく哀れに思うのである。」（同前書、四九〇ページ）。

おやっと、お思いになりませんでしたか？　そうです、山中さんの言葉は、知らず知らずに、あの旧東ドイツの子どもたちの言葉を思い起こさせるではありませんか。五十年昔の日本でも、五年前の東ドイツでも、大人の目から見た社会変動の政治的意味はまったく異なるとしても、激変期に巡り合わせた子どもたちは、子どもとして、同じような経験を強いられたのですね。ことに、大人の子どもに対する対応の仕方に、そして、そうした大人や教師のあり方にたいする子どもたちの見方に、たいへん共通するものがあることに、僕は驚きます。そして、このような経験は、そうした時期に遭遇する子どもたちにとって、普遍的な経験なのではないか、とも考えさせられます。もっとも、日本の山中さんは、教師を「なじり」もせず、教師に「つめより」もしませんでした。そして、そのことを、大人になって悔いているようです。旧東ドイツの子どもたちの中には、「先生方が正直でないのは、ひきょうだと私は思います。」と書くことのできる子どもがいます。このことは、大日本帝国の教育と旧東ドイツの教育の差を示すものなのでしょうか。あの旧東ドイツの子どもたちは、たとえば、三十年後には、この教師たちとの「出会い」の暗い体験について、そして、その頃の「ひきょうな」教師のあり方について、何と書くことになるのでしょうか。

ふたたび、子ども時代を生きている人々が、今ここでの私との出会いを、大人になったとき、どう思い起こすことであろうか、ということを考えさせられます。そしてまた、今ここで「おとな」の私を見ている、目の前の「子どもの目」が、その人の一生を通じて「大人の目」へと変化して行く、言わば「人間の目」の一生を通じての歴史ということを、思わずにはいられないのです。

山中さんは、こう書いています。「そのときからぼくは、おとな一般に敵意を抱くようになった。身すぎ世すぎでぼくらを錬成したおとなを憎むようになった。」(同前書、四九〇ページ)と。「敵意を抱くようになる」ことの発端となる大人との「出会い」、これは、「暗の世界」の「出会い」と言ってもよいでしょう。悲劇の誕生です。変動に直面した大人たち、教師たちは、「その人の子ども時代を生きている人」としての子どもを、あたかも、固定的に無知なままにとどまる存在でもあるかのように、「意見を求められるということはまったくない」ままの状態に留めて、無視する。そして、相手が大人であれば通用しないような言い訳をして、子どもをだましなだめようとする。でも、子どもは、そうした大人たちの欺瞞を、子どもの仕方で、見抜いてしまいます。いや、見抜いたと思ってしまいます。そこに、大人と子どもとの間の不幸な「出会い」と悲劇が生まれるのです。大人である教師は、変動する社会状況に一人の社会人として対処することを迫られていて、身近な子どもの思いなどにかまっている余裕などないのかもしれません。でも、子どもは、大人である教師の豹変を見つめ、思い悩み、考えるのです。「厳しい現実」です。確かに、「きれいごとではない」ぐらいではすまないでしょう。

子ども時代を生きているこの人は、将来、「ひきょうな」大人になることを拒否することになるのでしょうか。それとも、子どものときの「敵意」などすっかり忘れ去って、あるいは、仮に覚えていても、あれは子どもらしい幼稚な感傷に過ぎなかったなどと自ら嘲り笑って、かつては憎んだ大人たちと同じような「ひきょうな」大人たちに、仲間入りして行くことになるのでしょうか。

あの幕間の罵声の主が、「こんなのんびりした調子でやっていて、いまこの世間に溢れけーってる『厳しい現実』ってものを、俺たちに見せ切れるつもりでいるのかてんだ。なんて、甘めー奴らだ。てめーら、もっともっと、どんどん手早くやれ。俺の言っているのはだな、甘ったれた子どもの感傷の話なんかのことじゃーねーんだ。もっともっと『厳しい現実』だ。少しは分かってのか。このど阿呆。馬鹿野郎。」とどなり始めました。

確かに、時間は限られているのでした。じゃー、少しテンポを速めて、この「暗の世界」については、駆け足で、出来る限りたくさんの世界を走り抜けることにしましょう。

「『物質』としての子ども」の世界

僕たちが、せかされて、次に駆け足でやって来たのは、「暗の世界」の「『物質』としての子ども」の世界です。ここでは、子どもを、そして、人間を『物質』としてとらえます。たとえば、つぎのような「人体成分表」に人間を成分に分析して、その価値を論じるという見方をする世界です。この成文表に分析され、物質の集まりと見なされた人間の値段は、人体を構成する物質それぞれの量の値段の合計となるというのです。そして、体重六〇キロの人間の値段は「三〇〇〇円」だそうです。すると、体重二〇キロの子どもの値段は、計算すると、一〇〇〇円ということになりましょうか。子ども三人で大人一人前の値段です。人間に値段をつけること、人間を、その人体を構成している成分物質の集まりと同一視すること、これは、人間を物化し対象化する見方の一つの極だとも言えましょう。この見方は、独自な自己・世界・歴史・物語を生きている人間を、その肉体を骨も肉も一緒にすり潰した物質の塊と同じと見なす、そんな見方だとも言えましょう。

左に掲げた表は、「西郷竹彦文芸・教育全集　第五巻　人間観・世界観の教育」(恒文社、一九九六年、一六八ページ)からの引用です。そして、実は、西郷全集の表は、そこで引用され

人体の成分表 (60 kg とすると)	
水	40 ℓ
炭素	20 kg
アンモニア	4 ℓ
石灰	1.5 kg
リン	800 g
塩分	250 g
硝石	100 g
イオウ	80 g
マグネシウム	50 g
フッ素	7.5 g
鉄	5 g
ケイ素	3 g
マンガン	3 g
アルミニウム	1 g
その他少量の13 の元素	
計	3,000 円

批判されている他のある本からの引用です。そして、その本も、また、他のある本からの引用で、それもまた、……、という次第です。どこでどう写し違いが紛れ込んでいるやも知れません。「暗の世界」での表の数値は、このままでは、決してお使いになりませんように。

戦時(一九四一—一九四五)中、全国津津裏裏のお寺の鐘やら学校の銅像やらが、戦争で使う大砲や鉄砲の弾になるのだと言って、「供出」させられたことがありました。それらの鐘や銅像はどのような運命を辿ったのでしょうか……。ただ、こんなことを思います。人々の心に響く音を伝える鐘や人々の心の支えとなった人物の銅像を、溶かして弾の原料とするという考え方は、それらの鐘や像をただの銅の塊と見る考えに通じている、と。この考えによれば、たとえば、ロダンの「考える人」のブロンズ像も、目方何キロかのブロンズの塊と同じとみなされることになるでしょう。青銅の塊が価値がないと言うのではありません。ブロンズ像はただの青銅の塊とはまったく異なるものだ、と思うのです。このことを否定するなら、人間の文化と歴史は、すべて崩壊し潰え去ることになるでしょう。すべての書物は紙くずとまったく同じになるのですから。さて、想像上の「虚構の世界」のことと言え、そのようにすり潰された子どもの声が、あなたには聞こえますか？　何も聞こえません。声さえ出ない世界です。腐臭がし始めています。これが、「厳しい現実」の世界なのでしょうか。僕は急に恐怖と悪寒に襲われました。駆け足で、退散いたしましょう。

『物体』としての子ども」の世界

肉体を備えている子どもは、すり潰した「物質」の塊としてだけでなく、その肉体を「物体」としてとらえることも可能です。そして、ヴィーゼルの『夜』の一節に描かれた子どの姿は、まさしく、そのような「物体」として扱われた子どもたちです。

一九四二年頃のポーランドでのことです。ナチスのゲシュタポの手にゆだねられたユダヤ人囚人たちは、トラックに積み込まれ、ある森林まで運ばれたのでした。そして、囚人たちは、大きな穴を掘らされ、その自分たちが掘った大きな穴に近づいて首すじをさしのべ、撃ち殺されていったのです。「赤ん坊は宙に放り投げられ、携帯機関銃がこれを標的にして火を噴くのであった。これはガリチアのコロマイ付近の森林でのことであった。」(ヴィーゼル、村上光彦訳『夜』みすず書房、一九六七年、一八―一九ページ)。子どもには、多くのドイツ兵が銃をもって待ち構えている姿が見えます。悲鳴が聞こえます。だき抱えられたかと思うと、宙に放り上げられました。「あっ!」と叫ぶ間もありません。身体が宙に浮くと同時に、機関銃のダ、ダ、ダ……という音、子どもは身体中に激しい痛みを瞬間感じ叫ぶ、「ギャー」。真っ暗になり、もう、何も見えなくなり、……。ただ、それだけです。凍りつくような静寂。ドストエフスキーの作品にも、こんな場面がありましたね。こんな「出会い」もあるのです。

「『人体部品のキット』としての子ども」の世界

人間の身体は、多種多様な身体器官が組み合わされて不可思議にも、有機的に、全体的組織として生きて働くようになっている、と見なすこともできましょう。すると、子どもは、「人体部品」のキットの完成品とも見えて来ます。そこで、つぎのような想像をすることが出来ます。分解すれば、その部品は、ほかの子どもの命を救うための部品として役立つはずだ、というのです。ひとつの完成品を選んで分解すれば、そのたくさんの部品を取り出し、たくさんのキットの部品交換に役立てられる。それは、臓器移植のための「臓器提供」と呼ばれるかもしれません。これは、デパートで売られている生きた甲虫をみて、「コレ電池デ動イテイルノ？　分解シテミタイ」と言った、今日の都会の子どもの無邪気な世界にも通じているのでしょうか。分解されて「キット」となる子どもはどの子か。故障を修繕してもらえるのはどの子か。部品を買ってもらえる子どもはどの子か。それは、いつ、誰が、どのようにして、決めるのか。僕の全身を戦慄が走ります。

「『コンピューター』としての子ども」の世界

これは、大人を含めた人間すべてに通じる見方でもあります。子どもについて考えるとき、こんな風に語られることになります。「この子の思考回路は一体どうなっているのだろう」とか、「この子の情報処理過程は、正常に働いているのだろうか」とか、「この子の情報処理能力はどうも低いようだ」といった調子です。将来の生きたスーパー・コンピューターになる素材かどうかが問題にされているのです。これは、事物を理解するのに「模型」とか「モデル」を用いてする自然科学の方法から来ています。子どもや人間を理解するのに、自然科学のモデルの方法にしたがって、幾分でも理解しやすく、ある本質的な点ではオリジナルである子どもや人間とよく似ている一定のモデル、ここでは「コンピューター・モデル」を用いて、それらを理解しようとするわけです。これは、その方法の限界に十分な注意が払われているならば、十分に有効であり、なんら反対する理由もないでしょう。しかし、この理解の方法が、その限界を越えて、一人ひとりの子どもや人間を理解するのに用いられ始めると、問題が起こってきます。なぜなら、一人ひとりの子どもや人間は、コンピューターにどれ程似ていようとも、やはり、コンピューターでは決してないからです。アナロジーや比喩には限界があるのです。人間はそれぞれその独自な世界を生きています。コンピューターは、どれほど精巧になったとしても、人間のように身体、自己、時間、世界、物語を生き、夢を見、意味を創造する存在者とはならないでしょう。僕たち人間には、人間を人間として見ることを学ぶことが求められているのです。人間を人間として見ることを軽率に安易に放棄するわけにはいかないのです。子どもを「コンピューター」と見る、「情報処理システム」と見る、これも、現代の流行の「ものの見方」です。盛んな流行だけに、子どもが一人で、そこから逃れるのは困難です。子どもの救いを求める声が聞こえます。「オネガイデス。ボクノ夢ヲキイテクダサイ」、「助けてー! ぼく、コンピューターじゃないよー!」。

「『原料』としての子ども」の世界

ここは、子どもの肉体をさまざまな製品の「原料」や「材料」とみる世界です。たとえば、ナチス強制収容所の子どもたち、細く柔らかく艶があるふさふさした毛髪、これは、よい毛布のため原料となります。皮膚は、なめすとめずらしい「札入れ」になります。これを、ただで燃やしてしまっては無駄で勿体ないのです。もちろん、子どもは、ドイツ兵がその頭を見ているとき、その顔に見入るとき、毛布の原料としての私の毛髪を見ているとか、肌触りのよい皮革札入れの原料としての皮膚を見ているなどとは、まったく思いもおよびません。ただ、黙々と殺されて行くのです(アルヴィン・マイヤー、三鼓秋子訳、『アウシュヴィッツの子どもたち』思文閣出版、一九九四年)。「厳しい現実」。

「『食料』としての子ども」の世界

飢饉では、子どもが食されることがあります。たとえば、旧ソヴィエト・スターリン体制下のウクライナでは、飢饉に襲われた際、人々は、飢えから逃れるために、子どもを捕らえて食べた、と伝えられています。恐らく、ウクライナだけではないでしょう。「小父ちゃん、何するの? あっ、怖いよう! 痛いよー!」。そして、ただそれだけです。子どもの身体の肉は、数人の大人たちの飢えをしのぐために、活かされます。なぜ、食べられるのは子どもで、大人ではないのでしょうか。子どもの肉が美味いからなのでしょうか。それとも、……。戦時はともかく、平和時の飢饉で、食されるのは、強い大人ではなく、弱い子どもです。「弱きもの、汝の名は子どもなり」。目を覆いたくなる惨状。

「『欲望の対象』としての子ども」の世界

弱い存在者である子どもが「欲望の対象」とされる世界です。その欲望とは、主として、強く大きな、筋骨隆々とした成人男性の強烈で歪んだ性欲です。

「一〇歳の子どもがほしいんだがね――」／「一〇歳の少女ですか?」／「そうだ。そのとおり。八歳とか六歳でもいいな。どうだろう?」／「まあ、一〇歳でしょうね。でももっと小さいのがいるかどうか探してはみますけど」／「オーケー」／「オーケー。それでその子とセックスがしたいのですか?」／「そう、そう。できるならハードなセックスをね」／「すごくハードなやつですね」／「オーケー。なにをやってもいいのかね?」／「なんでもやりたいようにしていいですよ」／「寝たあとで、その子が死んでもいいのかな」／「その子を殺したいのですか?」／「そうだよ。死んだらどうなるかね?」／「遺体を始末する方法を考えなくちゃなりませんね」／「はあ、それで費用はいくらかね?」(ピーター・リーライト、一九九五年、四四―四五ページ)。

仮に、もしこれが虚構の世界の会話だったとしても、実に恐ろしくおぞましい会話です。ところが、実は、これは現実の世界の会話の記録なのだそうです。「ロサンゼルス警察のおとり捜査官がイタリア人の児童性愛者の電話を受けているところ」(同前書)の記録なのだそうなのです。この男は、ニューヨークで逮捕されロサンゼルスに連行、つまり広大な米国の東海岸から西海岸へと運ばれて、児童保護法違反の罪で有罪となり、その罪を彼の一生で償うことになった、とのことです。が、これは氷山の一角に過ぎないのです。

米国の大きな空港では、可愛い子どもたちの顔写真がたくさん並べられ掲示されている壁面を見かけることがよくあります。「いつまでも決して忘れないよ!」(We'll never forget you.)というような言葉と共に……。あれは、行方不明になった子どもたちを必死で探し求める親や家族たちからの悲痛な願いを込めたメッセージなのです。行方不明と言われてはいますが、恐らく、その大多数は誘拐されたのでしょう。子どもたちのあどけなくかわいらしい顔と顔が並んでいます。写真の一つひとつが、それぞれの家族と子どもの残酷で悲惨な物語を語っているのです。その事情を知ると、僕たちの胸は痛み、涙を誘われます。写真の子ども一人ひとりが、叫んでいます、「助けて!」と。いや、もう叫んでさえもいないかも知れません。「厳しい現実」。

「『ポルノグラフィー被写体』としての子ども」の世界

米国の事情について、「警察の情報によれば、ポルノ映画やビデオの製作には数万人もの米国の子どもたちが使われているという。そしてまた、毎週スカンジナヴィアからコンテナいっぱいのポルノグラフィーが米国に入ってくるともいう。そのほとんどは、くい止めることができない」（同前書）と報告されています。

ヨーロッパから米国へ、ポルノグラフィーは世界中を駆け巡っているのです。それだけの需要があり、購買者人口があり、大きな経済的利潤を生んでいるのでしょう。そして、そのために、それだけ多くの子どもが犠牲となっている、ということなのでしょう。

そんなひどいことは、どこか遠い他所の国の話にすぎないだろう、とお思いですか。とんでもない！　日本でも、恐らく多数の子どもが、ポルノ・ヴィデオの製作に使われているものと推測されます。現実に、一九九六年春、僕の住んでいる岩手県盛岡の町のマンションのすべての郵便受けに、チラシ広告が続々と投げ入れられて来ています。あなたのご参考までに、この原稿の資料としてとっておいた数枚を、いま取り出してみます。たとえば、こんなことが書いてあります。「96最新裏、ただのウラじゃない!!　業界の見せるだけ、ヤルだけのウラビデオを吹っ飛ばす会心作揃い!!　必見」、「デジタル高画質バージョン」、「くっきり、ハッキリ」、「電話1本で即配送致します／配達時試写ＯＫ」、「聖少女

（ロリータ）売れすじ……局部丸見え」。そして、ヴィデオの説明には、小さな写真と共に、たとえば、こうあります。「一〇歳の美少女……」、「女子高生……」。あまりにひどくて、詳しく引用することは、いくら何でもはばかられます。が、狡猾な手口でだまされ、むごいことを強いられた当の子どもたち自身にとって、それはどのような恐るべき経験だったでしょうか。子ども時代を生きているその人々のこれからの一生の心の傷となる経験だったかも知れません。広告主には、正直家さんのほか、ゴールド、コレクター、関西通信、……などいくつもの会社があり、続々と同様の広告チラシが郵便ポストに投げ込まれて来ています。何のお咎めもなく、正々堂々と全国的に大量に配布されているようです。これが、恐らく、文化国家日本の日本国憲法で保証された「表現の自由」のありがたい恩恵なのでしょう。しかし、その一つひとつに、哀れにも罠に陥れられた子どもたちの、これから続くことになる一生の悲劇の物語の発端があるのだ、と僕は思わずにはいられないのです。それぞれの「その子ども時代をいま生きている」人々の悲鳴とうめき声が聞こえてくる思いがしませんか。遠い外国の話などではなくて、日本でいま確実に起こりつつあることなのです。世界のポルノの波は、日本全土を襲ってきています。これまで、数万人とも言われる米国の子どもの犠牲者と同様に、日本でも、犠牲者の数は確実に増えて行くのでしょう。汚らわしいものを見るような目付きで、チラシを捨ててみても、「醜い現実」が消え去る訳でもなく、ただ、それに目をつぶるだけのことなのです。

『子どもを喰う世界』

世界中で行われている無数の、こうした無残、残酷、悲惨な実態を生々しく描いたルポが、ピーター・リーライトの『子どもを喰う世界』(前掲書)です。「許しがたい罪悪」、「二〇時間労働のカーペット・ボーイ——インド」、「餓死するか、働くか——バングラデシュ」、「プランテーションの奴隷——マレーシア」、「警官が怖い——ブラジル」、「親に売られる子どもたち——タイ」、「違法労働——ポルトガル」、「見習い制度の罠——トルコ」、「幼い売春人——フィリッピン」、「路上で生きる——メキシコ」の各章から成っています。

ところが、その残酷な世界から、日本の平凡な市民である僕たち「江分利 満」の家族のすべてが、実は無縁ではないのです。「有名ブランドのジーンズの多くは、メキシコの小さな工場で働く子どもたちの手で作られている。……。今ではフランスのデザイナーによるファッショナブルな衣類さえ、……、子どもたちが働くアジアの工場で作られている。こうした場合、製造会社の本社は、非人道的な労働にはいっさい関知していないと言い逃れることができる。」(同前書、四一ページ)。日本で、私たちが安価に入手している外国製品の多くは、発展途上国の貧しい子どもたちの労働によって作られている、というのです。絨毯、石鹸、インスタント・ラーメン、菓子、靴、化粧品、Tシャツ、みんな、子どもたちの手で作られている、というのです。大英帝国ではその事情は変化したかも知れませんが、貧しい国々では、今日でも、ちょうど、ディケンズやマルクスの時代の子どもたちのように、苛酷な労働条件の下で働かされている、といいます。そして、豊かな日本の私たちは、その子どもたちの苛酷な労働の経済的恩恵を受けていることになるらしいのです。まったく、「知らなければ心は痛まない」。その通りです。この「子どもを喰う世界」については、あなたには、リーライトの、私たちの心を疼かせることになるあの戦慄的な本を、ご自分でお読みになってみて下さい。二、三、僕の心に刻印された言葉を次に挙げておきます。

最も恐ろしいことは、子どもたち自身は、その悲惨さを悲惨とは初めから感じない、あるいは、悲惨とは感じないようになる、ということだそうです。そのことを述べた言葉の一つ。恐ろしいことは、「子どもの心が、虐待、搾取、抑圧、隷属状態といったものをあたりまえのものとして受け入れ、認めるようになってしまうことだ。つまり服従が当然という環境に置かれているため、いつのまにか、それが子ども自身の価値観になってしまうのだ。そうなると、子どもは反抗しない。考えることもしない。それが彼の自由となるのである」（同前書、七六ページ）。ふと、山中恒さんの「たとえようもなく哀れと思う」という言葉を思い出すではありませんか。どんなにひどいことでも、恐ろしいことに、子どもは「当たり前」のこととして受け入れてしまうようになるのです。

また、ノルウェーのヘレン・ポステルード法相の言葉、「いまこそ各国政府は、国の内外において、子どもたちの肉体と精神に一生の損害をあたえるかもしれない虐待から、子どもたちを守る行動を起こすべきです。国際的な法律を作ることも重要です。投獄すべき犯罪者を引き渡すために情報を交換しなければなりません。……これを単なる司法の問題と受け取る人もいるでしょうが、私にとってはそうではありません。それは、人間の尊厳と次の世代にたいする私たちの敬意にかかわっているのです。」（同前書、四八ページ、傍線は引用者)。「子どもへの敬意」、その欠落が今日の世界を覆っているのでしょうか。そして、「直視しなければならないのは、法律では社会を変えることができないという点だ。」(同前書、六一ページ)。では、何が子どもを救い、何が社会を変えるのでしょうか。

「『実験の材料』としての子ども」の世界

苦情を言わない子どもたちは、大人のさまざまな都合によって、「実験の材料」にされて来ました。たとえば、あの有名な種痘の発見者ジェンナー(一七四九—一八二三)の実験の対象となったジェンナー自身の子どもさんはどうでしょうか。今日風に言えば、ジェンナーは、対象としたご自分のお子さんからの、「インフォームド・コンセント」(告知に基づく同意)を得ていたのでしょうか。また、もし仮に得ていたとしても、そのお子さんには、親のジェンナーの説明で、自らがさらされることになる危険の可能性の意味を十分に理解する力があったのでしょうか。僕たちが子どもの頃聞いた、人類愛に根差す美談としての偉人ジェンナーのわが子を材料とした実験の逸話も、今日的な視点から見ると、ひどい「児童虐待」ではなかったのか、という疑問が浮かんで来てしまいます。もちろん、社会も時代も違えば、人々の考えも異なってくるのは当然ではあるのですが……。

アウシュヴィッツでの、SS大尉で収容所医師のメンゲレによる、ユダヤ人の子ども、ことに双生児の子どもたちの「偽医学的実験」のことは、語るのさえ恐ろしく、子どもたちの体験は、僕たちの想像を絶します(アルヴィン・マイヤー、前掲書)。

子どもを「実験の材料」にすることの意味は、現代の科学研究でも問われるでしょう。子どもたちは、抗議する力も拒否する力も持たない人々なのです。「厳しい現実」。

『研究の対象』としての子ども」の世界

時として、「学問研究の自由」、「科学研究の自由」という名の下に、「基礎データを収集するため」と称して、興味本位の研究が行われることがあります。興味と関心をもつ研究者たちがいれば、そのような研究が、世界中いつでもどこでも行われる可能性があります。その研究の結果は、研究対象となったその子ども自身の「幸せ」にはまったく活かされないのはごく普通です。それればかりでなく、ほかのどの子どもたちの「幸せ」のためにも活かされる計画も可能性もまったくない場合もあるようです。ただ研究者に「興味と関心」

さえあれば……。そして、子どもに、そのような「研究の対象」とされることに抗議したり抵抗したりする意志と能力が欠けているならば……。そして、学界におけるその研究者の研究業績となる基礎データの収集に役立つならば……。

「『投資の対象』としての子ども」世界

かつて、農村出身の中学卒業生たちは、「金の卵」と呼ばれて、大都会の工場などに集団就職したことがありました。「金の卵」と呼ばれたあの子たちは、戦後日本の驚異的な経済復興を支えた経済戦士たちとなったのでした。しかし、その中には、親元を離れ、都会に出る前の約束とはまったく異なる劣悪な労働条件を強いられ、約束の夜間高校にも行かせてもらえない場合があったようです。それに抗議して、離職し、独り苦難の道を歩むことになった人々も恐らくいたことでしょう。「金の卵」としての子どもたちは、経済的な利潤を挙げる目的の『投資の対象』に過ぎず、決して、子ども自身の人生が尊重されていた訳ではなかったのです。仮にもし、子どもたちが、利潤を挙げるのに役立たないことが分かれば、彼らを尊重する理由は失われるのです。そして、子ども自身が抱いていた希望や夢など、無視され、はかなく潰え去ってしまうのです。彼ら一人ひとりの物語は「金の卵」の意味を明らかにします。

「『預金と投資の対象』として学校に行かされる子ども」の世界

子どもを上級学校に行かせてやるという、親が子どもに計らってしてやることとしては、ひたすら子ども自身のためを考えてであるに違いないように見える、少なくとも表面的にはそのように見える、親の行為があります。しかし、ここにも、気が付かないうちに、「投資の対象」としての子ども、という見方がこっそりと忍び込んで来てしまうことがあります。それは、親が将来の経済的な見返りを密かに期待して、子どもの将来に投資するという考えに基づいて、子どもを上級学校に送り込もうとする場合です。大事なお金を、銀行などに預金しておくよりも、子どもの学費に投資しておけば、将来、手元にもどってくる利潤が多い、という打算から、わが子を上級学校に送り込む、という事態です。仮に、その打算が裏切られたとします。すると、親は子に対して不満を持つことになります。あれだけの大金を投資したのに損をした、という訳です。それを知った子どもは、親に感謝するよりも、深い不信感を、時には敵意をさえ、もつことになります。もし、子どもが「投資の対象」だとするなら、それは、利潤を当てにすればするほど、不幸を招くことになる「対象」かも知れません。しかも、その隠れた打算の狙いは、長年の間には、隠すべくもなくあらわになることは避けられないのです。親子の間で、打算によって「投資する」、「投資される」ということ、確かに「きれいごと」ではありません。

『道具・手段』としての子ども」の世界

「子ども」は、社会的にもさまざまな道具あるいは手段として役立つことがあります。たとえば、学校での教師にとっては、自分の担任クラスに、学業成績の良い子どもが居るということが、教師自身の教育力の優れたことを示す誇りの対象となることがあります。子どもと共に喜び合うのはとても善いことです。しかし、そのことが、教師の学校での立場を良くする道具としても見られることになってしまったら……。まず、そのような道具にならないと思われる子ども、あるいは、自分の教師としての力を示すことのじゃまになる子ども、つまり、学業成績の悪い子どもは、知らず知らずに、軽んじられ疎んじられることになって行きます。さらに、かつて、学業成績が良くて、自分のプラスになった子どもが、成績が下がったためにプラスにならなくなると、たちまち、軽んじることにもなりかねません。そして、そのことが、子どもの心を傷つけることになり、教師と子どもの間にきしみを生じることにもなるでしょう。その時々に、子どもを尊重するとかしないとか言うことは、実は、派生的な問題に過ぎないことが明らかです。最初から、子どもを、学校における教師自身の立場を高めるための道具・手段として見ていたその考え方に、問題の源があるのです。言い換えれば、そのような考え方をしている教師は、子ども「と」人間として「出会う」ことはなく、根底において、子どもを、対象化して、自らの立場を有利にするための道具・手段として見ているのです。悲劇は、教師たちがそのことに気づかず、それでいて、子どもは、うまく言葉に言い表すことができないままに、そのことに気づいてしまう、ということから生まれるのです。

また、学校が優秀な子どもたちを集めたがる場合にも、それら集まって来た優秀な子どもたちを育て上げること自体に、誇りと喜びを抱いているのではない、と思われる場合があります。つまり、それら優秀な子どもたちによって、学校の評判を上げ、ひいては、自分たち教師の立場を少しでも良くしよう、という下心がある場合です。その結果は、そうした目的のための道具・手段としては役立たないような、優秀ではない子どもたちを軽んじ疎んじるという事態が生まれて来ます。そのとき、その学校の、そして、その教師たちの、本当の心はどこに在ったのかということが、隠れようもなくあらわになってしまうのです。なぜなら、学校の助けを、そして、教師たちの助けを、優秀な子どもたちより以上に必要として、心から願い求めているのは、まさに苦しんでいる優秀でない子ども達、「できない」子ども達、なのだからです。しかし、そのような学校や教師たちは、最も助けを必要としている「成績不良」な子どもが退学してくれると、ほっと安堵の溜め息をつくのです。その溜め息に、「本音」や「下心」が露呈して来ているのでしょう。

進学塾などで、成績優秀児を優遇することは、今日では公然の秘密です。優秀児のスカウトさえ行われる、と言います。でもそれが経営上の必要から出ており、公然化されており、塾の講師も、親子も、互いに納得しているなら、相互の契約と合意の問題かも知れません。僕たちが口をはさむ余地はどうも無さそうですね。確かに「きれいごと」ではありませんね。でも、でも、ああ、何だか、空恐ろしい。

「『権力』に接近するための手軽な乗物としての子ども」の世界

子どもは、権謀術数の渦巻く大人の醜い社会の人間関係においては、社会的利潤追求の目的を達成するための道具・手段としての意味も持ちうるでしょう。たとえば、ある子どもが、ある社会的地位の高い人物のお気に入りの子どもである、としましょう。すると、その人物に近づきその人物のお気に入りとなるための方途として、そのお気に入りの子どもの近づきになろうとする場合がある、ということが見えて来ましょう。つまり、その子どもは、その人物に近づくための道具・手段となるのです。もっとも、子どもの方からすれば、その人物の下心も企みも知るよしはありません。道具・手段としての子どもは、知らずして、不純で偽りに満ちた人間関係に取り囲まれることになります。子どもが、そのような人間関係が偽りの人間関係であった、と辛うじて覚ることができるのは……。その親が、社会的に失脚したり没落したりして、零落し、もはやそのように取り入ることが何の価値も持たなくなった場合です。その子どもが、道具・手段としては何の役にも立たなくなった場合です。そのような場合には、偽りの人間関係の欺瞞性はたちまち露呈して、そうした人物たちは、掌をかえしたように、子どもから距離を置こうとするようになります。そして、少しも変わらず、失脚・没落・零落以前と同じように、その子どもに接する人が仮にもし居たとすれば、その人こそ、一人の人間として、その子ども「と」出会っていた人だった、ということになるでしょう。そのような経験をすることは、子どもにとっては、たいへん辛いことであるに違いありません。しかし、そのような経験を経て、子どもは、人の世の真実を見、人間的に成熟する機会を得ることにもなるのでしょう。坪田譲治の『風の中の子供』という作品の中の、善太と三平の経験をふと思い出しました。また、古今の七十七人の有名人の子どもたちの生き方を描いた『有名人の子供はつらい』（マルコム・フォーブス／ジェフ・ブロック、安次嶺佳子訳、草思社、一九九三年）、を読んで、僕が考えたことの一つは、そのことでした。子どもは社会的「道具」と見なされる、が、子どもはそのことを知らない。そこに、悲劇が生まれる。

「慰みのための『虐殺の対象』としての子ども」の世界

ロシアの大作家ドストエフスキーが、子どもたちが大人たちから受けている残酷悲惨な虐待をたくさん描いていることは、広く知られています。彼の作品の中での子どもについて研究した著作の冒頭で、ローウェは、次のように書いています。「恐らく、ドストエフスキーの作品の中の子どもの犠牲者のなかでは、カラマーゾフの兄弟の『反抗』と題された章でイヴァンが提出しているいくつかの『活きた描写』程、人の憐憫と憤激を深く呼び覚ますものは無いであろう」と(William Woodin Rowe : *Dostoevsky ; Child and Man in His Works*. New York Univ. Press. 1968. p. 3)。なかでも、僕の心の眼に焼き付けられているのは、次の「活きた描写」です。

十八世紀のはじめ、「農奴制下のいちばん陰惨な時代の話」。さる将軍が、軍務から引退して地主となった。二千人もの農奴を擁する領地に暮らし、「犬舎には数百匹の猟犬がいるし、ほとんど百人近い犬番がみな揃いの制服を着て、馬に乗っているんだ。ところがある日、召使の倅で、せいぜい八つかそこらの小さな男の子が、あそんでいるはずみに、なんとなく石を投げて、将軍お気に入りのロシア・ハウンドの足を怪我させちまったのさ。『どうして、わしのかわいい犬がびっこをひいとるんだ?』と将軍がたずねると、実はこの少年が石をぶつけて足を怪我させたのでございます、という報告だ。『ああ、貴様の仕業か』将軍は少年をにらみつけて、『こいつをひっ捕えろ！』と命ずる。少年は捕えられ、母親の手もとから引きたてられて、一晩じゅう牢に放りこまれた。翌朝、夜が明けるか明けぬうちに、将軍が狩猟用の盛装をこらしてお出ましになり、馬にまたがる。まわりには居候どもや、猟犬、犬番、勢子たちが居並び、みんな馬にのっているし、さらにそのまわりには召使たちが見せしめのために集められ、いちばん前に罪を犯した少年の母親が据えられているんだ。やがて少年が牢から引きだされる。霧のたちこめ、陰鬱な、寒い、猟には持ってこいの秋の日でな。少年を裸にしろという将軍の命令で、男の子は素裸にされてしまう。恐ろしさのあまり、歯の根が合わず、うつけたようになってしまって、泣き叫ぶ勇気もない始末だ……『そいつを追え！』将軍が命令する。『走れ、走れ！』犬番たちがわめくので、少年は走りだす……『襲え！』将軍は絶叫するなり、ボルゾイの群れを一度に放してやる。母親の目の前で犬にかみ殺させたんだよ。犬どもは少年をずたずたに引きちぎってしまった！」(ドストエフスキー、原卓也訳『カラマーゾフの兄弟(上)』新潮文庫、四六六―四六七ページ)

「あそんでいるはずみに、なんとなく石を投げて」、その石が、犬に当たって足を怪我させてしまった。その犬が、たまたま、封建領主のお気に入りの犬であった。それに気づいた将軍の『どうして、わしのかわいい犬がびっこをひいとるんだ？』という言葉。何かを、あるいは誰かを、「かわいい」という感情が仮に将軍に残っていたとしても、それは、お気に入りの犬に対してであって、「召使の忰で、せいぜい八つかそこらの小さな男の子」に対してではなかったのです。将軍は、犬の足に怪我をさせた小さな男の子へ憎悪を一気に燃え上がらせます。そして、その母親を囲む召使いたちの目の前で、見せしめのために、子どもは裸にされ、走らされ、犬どもにずたずたに引きちぎられる。母親は泣き叫ぶ。しかし、ここで、母親の目の前で行われることが大事な点だというのです。将軍は、母親の悲鳴する姿を、愉快そうに眺めます。石を投げて犬にびっこを引く怪我をさせた「罪」と、子どもがずたずたに引きちぎられる「罰」とは、あまりと言えばあまりにも不釣り合いです。でも、石を投げた子どもは、慰みとなる遊びの切っかけを探していた領主の目に留まった不運で哀れな子どもであるに過ぎないのです。戦争を欲し、その準備に努める軍事大国が、一発の銃弾による些細な出来事を重大事件として宣伝し、それを口実に、国民を大戦争に引きずり込んで行く、あの巧妙な手口とよく似ています。それにしても、まことに恐ろしい情景です。この世のこととも思われません。「厳しい現実」のひとつの典型です。

「『教育の対象』としての子ども」の世界

次に、僕たちが訪れるこの世界は、子どもを教育するのは、子ども自身のためというよりは、軍隊のため、お国のためであり、戦争の道具となる勇敢な兵士を育てるためだ、という世界です。「お前たちは、天皇陛下の赤子(せきし)として、大きくなって、兵隊さんになって、天皇陛下のおんために、また、お国のために、立派に戦死するんだぞ。みっともないひきょうな死に方はするなよ」、こう僕たちの世代の子どもたちは、国民学校(小学校)の校庭で朝礼の訓話のとき、よく教えられたものでした。その行きつく先が、国語などの国定教科書に載っていた「肉弾三銃士」の兵隊さんの姿であり、あるいは、当時の少国民たち憧れの「軍神」となる「神風特攻隊」の勇士たちの姿だったのです。たった半世紀ほど前の、現実の軍国日本、大日本帝国における、子どもたちの世界です。

では、今日の日本では、子どもたちは、『教育の対象』として、何になることを目指して、教育されているのでしょうか。「企業の戦士」、「エリート」、「お金持ち」、「有名人」

……？　どうでしょうか。ただ、何かになるために教育されている、という思いで、子どもたちが日々努めているという点では、もしかすると、戦争中の子どもたちとあまり変わらないのかもしれませんね。その「教育」は、本当に、本当に、その子ども達自身のために営まれているんでしょうか。

「『評価の対象』としての子ども」、「『選抜の対象』としての子ども」の世界

子どもは、何らかの仕方で、測定され、数値を付けられて、その数値に従って、選抜されます。測定された数値の同じ子ども同士は、公平を期して、互いに区別しません。その意味では、一人ひとりの子どもが、公平に、測定値と同一視されている、と言ってもよいでしょう。生まれて以来の数々の日々、その中での子どもの淡い夢、明るい希望、深い喜び、激しい怒り、哀しみと楽しみ、その歴史、そうしたものは、まったく無視され、たった一つの数字と同一視されてしまう子どもの存在。しかも、その一度くっつけられた数字は、その子の跡を一生ついてまわります。数字？　そうした数字について回る、あの、何でしたっけ、そうそう「学歴」とか「学校歴」とか何とか言いましね。あれです。あの

「勲章」を貰うために、たとえ嫌な学校でも、嫌いな先生でも、我慢に我慢を重ねて、子どもたちは毎日通うのです。残酷で悲惨な物語ではないですか。ですから、『子供たちの復讐』(本多勝一編『子供たちの復讐 上・下』、朝日文庫、一九八六年)が始まることにも、よくよく考えれば、ちゃんと理由があるのですね。『教育事件』(村上義雄、朝日文庫、一九八六年)、『教師の犯罪』(佐藤友之、東京法経学院出版、一九八五年)、『教育工場の子どもたち』(鎌田慧、岩波書店、一九八四年)、『教師に異議あり! 愛するもののために』(門野晴子、朝日文庫、一九九三年)なども、子どもの反抗や復讐が、当然とも思われる教育状況を報告しています。

ふと気がついてみると、「暗の世界」の世界には、まだ、まだ、いろんな世界が、続々と、まるでガン細胞のように、急速に増殖して、私たちの目の前に迫って来ます。その中には、「『人質の対象』としての子ども」の世界、「『虐待の対象』としての子ども」の世界(池田由子『児童虐待――ゆがんだ親子関係』中公新書、一九八七年。ジーン・レンボイツ、沢村灌・久保紘章訳『幼児虐待――原因と予防』星和書店、一九七七年などを参照して下さい)、「『労働搾取の対象』としての子ども」の世界(ピーター・リーライト、一九九五年)、「『子殺しの対象』としての子ども」の世界(G・プートゥール、宇佐見英治訳、『幼児殺しの世界——過密をいかに救うか』みすず書房、一九七三年)。ちなみに、この中には、食料資源不足に対応する過剰人口の問題を解決するための「人口戦争」という意味での「戦争は幼児殺しの代わりをなすものの一つだ」(同前書、六八ページ)という言葉があり、僕は衝撃を受けました。歴史的には、「幼児殺し」と戦争は過剰人口の問題を解決するための方法だったのですね。日本にも「間引き」という風習があったといいますものね。そして、「奴隷売買の『商品』としての子ども」の世界。それから、「相談の相手とはされない存在者としての子ども」の世界、(クラウディア・ブラック『私は親のようにならない——アル中の子どもたち』(原題“Children of alcoholics”、斎藤学監訳、誠信書房、一九八九年)。この世界では、アルコール中毒の親をもった子どもたちが家庭で置かれる苦境と、それに対してそれぞれの子ども一人ひとりが個性ある仕方で立ち向かい、あるいは順応して生きて行くさまざまな姿が描かれます。

これらのいずれもが、「厳しい現実」です。確かに「きれいごと」ではありません。

そのほか、本屋さんに行ってみれば、「教育の世界」で起こっている残酷で悲惨な物語を語った書物が山のように積んであります。語られている出来事は、「いじめ」、「登校拒否」、「不登校」、「校内暴力」、「子どもの自殺」、「心身症」、「ノイローゼ」、「暴力事件」、「暴行」、「少年非行」、「万引き」、「掻っ払い」、「放火」、「少女売春」、「強姦」、「レイプ」、「子ども誘拐」、「誘拐殺人」、「児童搾取」、「児童虐待」、……などなどです。

子ども同士の「いじめ」事件は、実は、もともと今日の教育の犠牲者・被害者である子どもたちの間で生じている、被害者同士の間の事件だ、僕の目には、そう映って来るのです。そもそもは、すべての子どもたちが、心の貧しい社会での心の貧しい教育の被害者たちなのではないでしょうか。ちょうど、それは、ナチの強制収容所内部の、ユダヤ人同士の間の小さな争いのようなものに過ぎないのではないでしょうか。おとなしいユダヤ人と悪賢いユダヤ人、おとなしい子どもと悪賢い子ども。子どもたち自身は、自分たちが、共に犠牲者で被害者であることに、気づいてはいないにせよ……。

ドストエフスキーの時代は、出来事と言えば、目に見える残酷と悲惨だったようです。今日の残酷と悲惨は、直ぐには、目に見えないようです。しかし、だからと言って、残酷でも悲惨でもない、ということにはまったくならないのです。嘆きのため息、あー、あー。

子どもたちは、自らが与えられた境遇を、ただ与えられたものとして、選ぶ余地もなく、受け入れるほかありません。それが、子どもたちが、運命的に置かれた窮境なのです。

さて、それぞれの出来事の善し悪しにかかわる価値判断は、判断をするその人自身の生きられた世界を露わにします。あなたは、それぞれの世界の出来事を、どう判断なさいますか。いずれにせよ、「暗の世界」、きれいごとではない「厳しい現実」の存在を認めて、それを具体的に知ることは、私たちの「子どもとの出会い」を、意識的に、より善くして行くために活かされうる、積極的な意味もあるのではないでしょうか。では、その積極的な意味とは何でしょう。僕も考えます。あなたも、ご一緒にお考え下さいませんか。つまり、それは、こうではないでしょうか、……。

気が付いてみると、この幕の予定時間は、すでに大幅に超過しているようです。おやおや、もう幕が下りてきてしまいました。じゃ、この暗く醜い世界から脱出しましょう。

幕

第4幕——結

覚の世界——凡・明・暗を統合し覚悟する

「神様、私にお与え下さい。変えられないものを受け入れる平安を、変えられるものを変える勇気を、そして、この二つを見分ける賢さを。」（「平安の祈り」）

さて、ここで、私にとってはかけがえの無い、私の日常生活の世界に再びもどりましょう。ただし、あくまで第4幕の中ですから、もどるのは、私の日常生活の現実の世界ではなくて、その疑似体験の「虚構世界」です。さて、この虚構の日常生活世界は、僕たちが旅に出かける以前とは、僕にはだいぶ違った様子をしているように見えるんですが……。『子どもと出会う』の世界」での同じものや同じ出来事を見ても、前とはだいぶ違った感じを受けるし、前には考えもしなかったようなことも、考えるようになっていることに、ふと僕は気づきます。

そうそう、第2幕が終わったところで、「これはきれいごとだ」と、劇場の隅で叫ぶ大きな罵声を聞いたときのことを、いま、思い出しました。たしかに、あの罵声にはショックを受けました。でも、その言葉にも、どうも一理はあったのですね。私たちの住む現実の世界は、きれいなこと、美しいこと、明るいこと、……ばかりでは決してありませんものね。そのことを、第3幕の「暗の世界」では、僕たちは、これでもかこれでもかと、いやになる程思い知らされましたもの。しかも、あれは氷山の一角に過ぎないのです。

僕たちは、いま、四つ目の世界、「覚の世界」を訪れています。この「覚の世界」では、僕たちには、少なくとも、次の五つの「覚」を成し遂げることが、求められています。

第一に「知覚すること」(perceive)、つまり、五感(視、聴、嗅、味、触の五つの感覚)で感じとり知ることです。ここでの「知覚」には、繁雑な区別を避けて、大ざっぱに、「感覚」、「直覚」(=直感)、……も含めて考えることにしましょう。

第二に、「覚知すること」(become aware of)、気づくことです。つまり、この世界「子どもと出会う」には、「凡の世界」のみならず、二つの大きな世界、「明の世界」と「暗の世界」、が共に存在すること、そして、それらの世界には、私たちにとってすでに現れている、あるいは、私たちにはまだ隠れているがこれから現れてこようとしている、さまざまな世界、歴史、物語、その側面、契機、部分と全体、要素、事実、虚構、イメージ、事物現象、……があるということを「覚知」することです。これは、私たちの生ある限り続く、終わりのない過程です。

第三に、「統覚すること」(apperceive)、「覚知」したものを、ばらばらな断片的で部分的なものの集まりに留めず、全体的なものへと統合し、纏め上げて行くことです。つまり、それら多種多様に「知覚」し「覚知」した無数の事物現象を、時間的にも空間的にも身体的にも言語的にも非言語的にも自他の両視点からも、……その他の多種多様な視点から統合し、「統覚」して行くことです。これも、生ある限り続く、一生終わりのない過程です。私たちの生は、この営みにより、ますます豊かになって行くのでしょう。

第四に、「自覚すること」(have an insight into oneself)、自分自身について洞察を得て行き、自分を覚ることです。つまり、単に、自分から見た森羅万象を部分的にあるいは全体的に覚るだけではなく、さらに、同時に、そのように覚る自分について覚ることです。私たち人間は、うっかりしていると、他人のことは分かっても、自分自身のことはなかなか分からない、という拭い難い性質をもっています。まさに「灯台もと暗し」です。自分を覚ることは、最も困難なことです。しかも、これは、誰か人に代わってしてもらうことも、他人に教えてもらうこともできないという独自性をもっています。どうしても、自分自身でやらなければならない、私たちの生ある限り続く、終わりのない過程です。

そして、第五に、「覚悟すること」(form a resolution)、今ここで、私は何をするかを決心することです。私たちの生は限られています。永遠に長く生きることはできません。ですから、知覚、覚知、統覚、自覚の何れも、完全に完成するということは絶対にありえません。その意味では、知覚、覚知、統覚、自覚が不完全なまま、私たちは行動せざるをえない運命にあるのです。従って、厳密に言えば、私たちの行動は、誤りの可能性をどうしても避けられないのです。ただ、誤りの可能性を出来る限り小さくすることはできます。そのためにこそ、私たちは、終わりのない過程としての、知覚、覚知、統覚、自覚にたゆまず努めなくてはならないのでしょう。そして、それらが終わりのない過程であるとしても、いや、それゆえにこそ、知覚、覚知、統覚、自覚は、また、無限に豊かにして行くことができるのです。今ここで何をするか、それは、その今ここで、私に可能な、しかし、限られた、知覚、覚知、統覚、自覚に基づいて、私が決意し、覚悟し、最善を尽くして、「跳ぶ」ことを決心して、行うほかはないのです。自らの限界を自覚しながら、「覚悟」して、今ここで、生きるほかないのです。このことは、言い方を変えれば、今ここで、最善を尽くして、覚悟して生きる、そうした挑戦に富んだ生を常に生きることができるということなのだ、とも言えるでしょう。覚悟して「跳ぶ」ことで、失敗し、挫折し、悲しみを招くことがあります。しかし、その悲しみは、次に覚悟して「跳ぶ」ときの賢さを生みます。そして、次に、失敗を克服するときの喜びを招くのです。喜びも悲しみも、共に、こうして、私たちの短い一生をそれぞれに豊かにしてくれるのです。また、そのように、覚悟して今ここを生きることを、たえず積み重ねて行くことによって、知覚、覚知、統覚、自覚をも更にいっそう豊かで確かなものとすることによって、E・H・エリクソンの言う、人間としての「絶望」を超える、「統合」による「英知」を生むことができるのだ、とも言えましょう(E・H・エリクソンほか『老年期』、第2幕で既出、参照)。

これまでの、「凡の世界」、「明の世界」、「暗の世界」を巡る私たちの旅は、気がついてみると、私たちの「覚の世界」を豊かにするための旅でもあったのですね。で、私たちは、「覚の世界」では、順に、「知覚」、「覚知」、「統覚」、「自覚」、そして「覚悟」の世界を、訪れることにしましょう。そうすることで、私たちの「子どもと出会う」の世界にいっそうの豊かさがもたらされることを共に確かめ、そして、願いましょう。

「知覚の世界」を訪れる

人間の「知覚の世界」とは、ふしぎな豊かさに満ちた五感(視、聴、嗅、味、触の五つの感覚)の世界です。今ここで、目の前に現れている知覚されている世界、それだけでも、すでに十分に豊かです。その世界には、今ここで僕たちが読んでいるように、文字と書物の世界があり、人々の喜怒哀楽の姿、絵画、演劇、映画、TV、……があり、音楽、滝の音などの自然音、そして都会の雑踏の音……があり、肉の腐った匂い、梅の花の香り、線香の匂い、香水の匂いもあり、中華料理、フランス料理、会席料理、家庭料理、……があり、ビロードの肌触りあり、大理石の感触、……がある、というように、そこは、眼も眩むような豊かさをもつ世界です。

知覚の世界の豊かさにはさらに、今ここで、目の前に現実に現れている事物現象を私たちが見るとき、同時に、今ここには現実には現れていない事物現象が、私たちの心の世界には、私たちの予期しない仕方で、現れてくるということで、いっそうの豊かさが加わります。さらに、今ここで現実に現れている事物現象と、今ここには現実には現れていないが心の世界に現れてきている事物現象とが、互いに響き合うということで、私たちの知覚の世界には、さらによりいっそうの豊かさがもたらされるのです。そして、その上さらに、現実の世界のみではなく、同じように豊かな虚構の世界が、私たちの生きられた世界をさらにさらに豊かにしてくれます。

そのような「知覚の世界」のふしぎさについて、あなたに向かって、ここで長々と述べるのは、野暮というものですね。失礼しました。僕の独り言と、どうかお許しの程を。

そのような知覚の世界のふしぎさを繊細にまた詳細に記述している文学作品に、マルセル・プルーストの『失われた時をもとめて』(井上究一郎訳、ちくま文庫)があります。「過去を喚起しようとつとめるのは空しい労力でり、われわれの理知のあらゆる努力はむだである。過去は理知の領域のそと、その力のおよばないところで、何か思いがけない物資のなかに(そんな物資があたえてくれるであろう感覚のなかに)かくされている。」(同前書『1第一篇』、七四ページ)とあります。そして、かの有名な「プチット・マドレーヌ」の挿話の一節にさしかかります。「……、機械的に、一さじの紅茶、私がマドレーヌの一きれをやわらかく溶かしておいた紅茶を、唇にもっていった。しかし、お菓子のかけらのまじった一口の紅茶が、口蓋にふれた瞬間に、私は身ぶるいした、私のなかに起こっている異常なことに気がついて。すばらしい快感が私を襲ったのであった、孤立した、原因のわからない快感である。その快感は、たちまち私に人生の変転を無縁のものにし、人生の災厄を無害だと思わせ、人生の短さを錯覚だと感じさせたのであった。」(同所)。「このよろこびはどこからきていたのか？」と問い、そのすばらしい快感の源を、「私」は何回も空しく探し求めます。そして、ある時、突如として、回想が私にあらわれます。マドレーヌの小さなかけらの味覚、その匂と味が、「回想の巨大な建築を」支えていることを覚ります。「……、そして全コンブレーとその近郷、形態をそなえ堅牢性をもつそうしたすべてが、町も庭もともに、私の一杯の紅茶から出てきたのである。」(同前書、七九ページ)とあります。子どもの「知覚の世界」が豊かであったからこそ、マドレーヌを溶かした一口の紅茶が、その世界の豊かな回想を呼び覚ますことができたのでしょう。子どもは、今ここで経験しているこのすべてを言葉にして語ることはできません。しかし、何も経験していないのではまったくないのです。豊かな知覚の経験をしているのです。だからこそ、プルーストはその知覚の世界を、一口の紅茶を糸口として、豊かに蘇らせることができたのです。そして、その豊かさに、僕たちは圧倒されるのです。そして、今ここで、目の前の子どもも、幼いプルーストと同様に、豊かな知覚世界を生きている可能性があることに、私たちも思い到ることができるのです。私たちの世界「子ども『と』出会う」で、子どもと私は、今ここで「出会う」とき、互いに、それぞれの「知覚の世界」から出て会い、互いに交わり、互いの世界を融合させて、豊かにすることができるのです。もし、私が心から「子ども『と』出会う」ことさえできるならば……。

子どもが、花壇に水を撒きながら、「水をあげると、お花が笑うよ」とあなたに言ったとしましょう。その時、「何を言っているんだろうね、この子は。花が何で笑うものかね」といってすましてしまうあなたは確かに正しいのかもしれません。が、そのあなたの世界は少し粗野で貧しいのではないでしょうか。また、「この子どもは『アニミズム(汎心論)』の段階にある」と言うだけですませるのも、やはり、正しいとしても、貧しいように僕は思います。「この子は、変わった面白いことを言うね」というだけでは、あなたの世界は少しも豊かになっては行かない。そうではなくて、その言葉を聞いて、「あ、本当に、お花が笑っている！」と思い、またそう言いもして、子どもと一緒に水をあげて、その笑っているお花の生き返ったような姿に心から見入り感じ入って楽しむことができたとしたら、さあ、どうでしょうか。その一瞬、あなたは、日常の大人の世界から抜け出し、その子どもに誘われて、その子と一緒に子どもの世界に移り住むことになります。目の前の狭い「知覚の世界」のみでなく、あなたの子ども時代の回想や追憶の世界にまで同時に甦らせ、そして更には、この子どもの遠い将来への期待や希望の世界までも同時に呼び覚まして、その一瞬に、言わばより広く豊かな「知覚の世界」を生きることになります。そして、そのことが、あなたの世界を限りなく豊かにすることになるのです。子どもの一言を、そのように一緒に楽しんでみませんか。

「覚知の世界」を訪れる――一言の重み

僕たちが「子ども『と』出会う」世界。そこで僕たちは、知覚した物事の意味に気づきます。その気づきの中には、もし、僕たちが、他者の経験に学ばないならば、つまり、他者の世界と出会わないならば、長い時間をかけないと、生まれてこないような気づきもあります。島秋人さんのことをご存じでしょう？　ああ、あの「人間の無限の可能性」（斎藤喜博『教育学のすすめ』筑摩書房、一九六九年）の話か、ですって？　そうです、あの島秋人さんの話です。が、ここで焦点に据えて考えたい中身は少し違います。ここで考えたいのは、人間の「無限の可能性」の問題ではなくて、たった一言が人の一生で持ちうる意味・意義の重みの問題なのです。あなたが島秋人さんのことをまったくご存じないといけませんので、簡単にご紹介しておきましょう。

島秋人は、「昭和九年六月二八日生まれ。幼少を満州で育った。戦後父母とともに新潟県柏崎市に引き揚げたが母は疲労から結核になりまもなく亡くなった。本人も病弱で結核やカリエスになり、七年間もギブスをはめて育ったが小学校でも中学校でも成績はいちばん下だった。まわりから、うとんじられるとともに性格がすさみ転落の生活がはじまった。少年院にも入れられた。昭和三四年雨の夜、飢えにたえかねて農家に押し入り二千円を奪い、争ってその家の人を殺し死刑囚として獄につながれることになった。／中学の頃、たった一度だけほめられた記憶を忘れられず、獄中からその先生に手紙を出したことがきっかけとなり、ひめられた〝うた〟の才能の扉が開かれ、身も心も清められていった。昭和

四二年一一月二日小管にて処刑。」(島秋人『遺愛集』東京美術、一九六六年)

　では、ここで、秋人が、忘れられなかった記憶に残った言葉、たった一度だけのほめられた言葉、とは一体全体どんな凄いほめ言葉だったのでしょうか。あなたには、おわかりでしょうか。それは、「絵はへたくそだけど構図がよい」(同前書、二〇五ページ)という言葉だった、というのです。中学一年の時担任の先生でもあった、吉田好道という先生のお言葉です。初めてこの話を聞いたとき、島秋人の一生にとって重大な意味をもった言葉が、この平凡なほめ言葉に過ぎなかったことに、ある驚きを感じたことを僕は覚えています。だって、そうじゃありませんか。「絵はへたくそだけど構図がよい」、たったそれだけなんですよ。これが一生覚えていなければならない程の中身の濃い凄い言葉なんでしょうか。しかし、です。島秋人にとっては、この言葉は、「中学の頃、たった一度だけほめられた記憶を忘れられず」となる、ある運命を担う言葉となったのですね。

　それは、言うまでもなく、その言葉を聞くまでの、島秋人の子ども時代の背景があるからです。秋人は、戦後満州(現在の中国北部)からの引き揚げ、母の死亡、結核とカリエスの罹病、貧しかった一家の生活、などの重なる事情もあって、学校での成績もわるかった、といいます。秋人の吉田好道先生への手紙にこうあります。「僕は小学校五年の時国語の試験にレイ点を取り、その先生に叱られて足でけっとばされたり棒でなぐられたりしておそろしさに苦し紛れのうそを云って学校から逃げ出し……かくれて逃げまわっていた事があったので……」（同前書、一三ページ）。

僕は、島秋人という人が、子どもの頃、学校生活をどんなふうに過ごしていたのか、思い描くことが難しいことは重々承知の上で、敢えて思い描いて見るのです。それは、惨めな生活であったに違いありません。「小学校でも中学校でも成績はいちばん下だった。まわりから、うとんじられるとともに性格がすさみ」とある中で、あの吉田先生にほめられた言葉は、国語の試験にレイ点を取り、成績はいちばん下だった秋人さんの心に、真っ暗な闇の中の一条の光のように、光り輝いたに違いありません。その日、家への帰り道、そのうれしかった言葉を心に繰り返しながら、そのうれしさを、涙を浮かべながら繰り返し味わって帰ったのかも知れません。それが、秋人さんにとって、一生記憶に残るたった一度の、うれしいほめ言葉だったのです。そして、その言葉が、それから十四年ほど後に、秋人さんの人生に新しい道を開くきっかけとなる言葉となったのです。その言葉を下さった吉田先生のことが忘れられす、先生に恐る恐る手紙を出したこと、それが、秋人さんの人生を変えたのでした。僕は『遺愛集』を読みながら、涙が溢れて来るのを止めることができません。秋人さんにとって、暗い毎日を過ごさねばならなかった学校生活の長い月日、毎日、毎晩の苦しい思い。私たちにとってはまさに平凡としか思えないような言葉「絵はへたくそだけど構図がよい」。先生にしても、将来そのような重大な意味をもつ言葉になるだろうなどとは、想像もできなかったことでしょう。その時、先生は、担任でもあり、また図画の教師として、ただ、「絵はへたくそだけど」という率直な感想と「構図がよい」という励ましの言葉を、秋人さんに伝えたものでしょう。そして、恐らく、先生には、十四年後に、秋人さんが監獄から手紙を寄せるに至るまでは、そのような事があったことも、淡い記憶にしか残っていなかったかもしれません。それは、大勢の生徒達との無数のやりとりがある学校の生活で、記憶にとどまるには、あまりにも些細な出来事だったからです。しかし、秋人さんにとっては、そうではなかった。秋人さんにとっては、その一言の思い出は、あの暗い長い学校生活の苦しみのトンネルの中で、たった一度だけ射したことがある大きな喜びの光だったのです。その暗さと苦しさは、あの些細な出来事が十四年間も忘れられない思い出となり、それに励まされて、手紙を先生に出そうと考え、そしてそれを実行するに至った、その心の歴史そのものの中に現れています。五年生のとき国語の試験でレイ点を取ったという秋人さんの短歌です。

「ほめられし事くり返し憶ひつつ幸多き死囚と悟(し)りぬ」(一一六ページ)

そして、「現在、窓のない真暗な倉の二階に住んで居る父の家の生活を想うと僕の今の不自由などと云うのはぜいたくの中に入ります。」(同前書、一五ページ)とあります。次の短歌も秋人さんの作品です。

「四年経て金網ごしにいたはられ老父(ちち)の言葉の少なきを聞く」

「父老いてくり返し同じことを云ひ言葉なきとき泣きたまひけり」

「幼な日の優しきことのいくつかを獄壁(かべ)にさはりつ憶ひ更けたり」

今、僕の目の前の子どもに向かって発する、僕のたったの一言が、将来この子どもにとってもちうる意味の可能性について、僕はどうしても考えざるをえないのです。その一言が、将来、この子にとって、どのような意味を持つことになるか、それは、今の僕にはまったくわかりません。わかりようがないのです。しかし、重大な意味をもつ言葉となる可能性があるということは「覚知する」のです。そして、そのことを覚知するがゆえに、「子ども『と』出会う」こと、そして、「他者『と』出会う」こと、を心から大切にして生きて行きたいなあーと思い、至らぬながらも、願い、かつまた、祈るのです。

「統覚の世界」を訪れる

私たち人間は誰でも、「凡の世界」、「明の世界」、「暗の世界」を、同時的にあるいは継時的に、生きています。そして、私たちのもろもろの世界の間の関係と同様に、これら三つの世界の間でも、さまざまな相互関係が生まれます。いえ、私たちは、三つの世界の間を、時間をかけてさまざまに行き来したり、あるいは、同時に二つあるいは三つの世界を重ねて生きてみて、その意味では、さらに豊かで奥行きのある世界を生み出したりする、と言うべきかもしれません。

「苦あれば楽あり、楽あれば苦あり」という言葉の通り、たとえば、「暗の世界」から「明の世界」へと移り住む場合と、逆の順序で二つの世界を移り住む場合とでは、それぞれの世界の生きられ方も違いましょうし、また、二つの世界の統合のされ方も異なりましょう。「位を奪われた王でないかぎり、だれがいったい王でないことを不幸だと思うだろう」（パスカル『パンセ』、ブランシュヴィック版断章四〇九）です。諺に「あつものに懲りてなますを吹く」とも言います。そして、「少年貧時のかなしみは烙印のごときかなや夢さめてなほもなみだ溢れ出ず　坪野哲久」です。しかし、いずれにせよ、人間の生きる世界が、すべて「明の世界」となることは、たとえそれを望んでも、かなえられない望みでしょう。むしろ「暗の世界」があるからこそ、かえって、「明の世界」が、ますます光り輝くのだ、ということなのではないでしょうか。「凡の世界」についてもまったく同様です。

たとえば、「凡の世界」しか知らない単細胞のような世界に生きている人には、「暗の世界」の苦悩を生きた経験をもつ人に比べると、単純素朴で明るいかも知れません。でも、人間的な深みには欠け、用心深さや考え深さにも欠け、他人の苦しみを分かることが難しい、などといったことが、どうもありそうに思われます。でも、だからと言って、僕たちは、目の前の子どもに苦悩を経験させるために、敢えて、耐え難いような苦しみを与えるべきなのでしょうか。むしろ、私たちは、常に、一人の人間として、「子ども『と』出会い」、目の前の子どもの幸せを願って、出来る限りの努力をすることに、喜びを覚えるようでありたいものです。また、仮に、目の前の子どもが、不幸に陥り「暗の世界」で苦悩している時も、絶望しないように、希望を抱き続けるように、と励ますことができるようでありたいものです。

幸と不幸は、どうも常に背中合わせのようです。「禍福はあざなえる縄の如し」とか、「人間万事塞翁馬」とか諺にも言うじゃありませんか。暗あって明あり、明あって暗あり、なのじゃないですか。あの、ナチス・ドイツの体制下で、強制収容所の「暗の世界」の極限状況を現実に生きたヴィクトール・フランクルが、あるＴＶインタヴューで語った言葉が僕には忘れられません。僕の記憶はあまり正確ではないのですが、おおよそ次のような内容の言葉でした。「私は、あの地獄の苦しみと不幸を経験したお陰で、今日の平和の中での、平凡な日常生活の幸せを、より深く豊かに味わうことができるのです」。そうです。不幸な経験のお陰で、平凡な幸せをより深く、かけがえのない幸せとして、味わうことができるのです。人間の経験の奥行きの深さのふしぎですね。

実は、僕は、アウシュビッツの地獄の生き残りのユダヤ人のご夫婦に出会ったことがあるんです。あれは、一九八一年の夏、アメリカのコロラド州デンヴァー市でのことでした。

そのご夫婦は、僕が一九六四年から一九六七年までの間、イリノイ大学大学院に留学していた頃、留学生の僕をお世話して下さった、ホスト・ファミリーのクローリックさんのお嬢さんが結婚したそのお相手のご両親だったのです。その頃、カリフォルニアでは、ナチス・ドイツの強制収容所の殺戮の話はすべてユダヤ人による作り話である、とする説がある大学教授により発表されて、論議を呼んでいました。そのことについて、お父さんは、「あれが事実でなくて、何が事実と言えるんだ、そうだろう、君!」と僕に、訴えました。僕は、フランクルの著作などを通して、長年にわたってこの問題に関心を抱いていました。で、「事実ではない、作り話だ」とする大学教授の説を、僕は信じていませんでした。そして、そのことを率直に告げますと、お父さんは僕の手を握り、涙を浮かべて、喜んでくれました。日本人の僕のたったそれだけの短い言葉に対する、お父さんのその喜びと悲しみの深さに、あの地獄での苦しみをじかに見る思いが僕にはしました。苦しみや悲しみが深ければ深いほど、それを分かってもらうという些細なことについての、喜びもまた深いのだ、と僕は思ったことでした。僕のイリノイ大学での恩師オースベル博士からも、終戦直後、医師として惨状生々しいナチスの強制収容所を訪れた時のことを、直接に伺ったことがあります。で、僕は、強制収容所の歴史的事実を信じているのです。

「自覚の世界」を訪れる

「子どもと出会う」の世界の「自覚の世界」では、「子ども『と』出会う」私の、私自身についての自己洞察が、問われます。

再婚した相手の子どもが、その子にとっての継父あるいは継母としての「あなた」に懐かない、そのため、「あなた」が悩まなければならないというようなことが起こることがよくあります。もちろん、ここでの「あなた」は、あくまでも疑似現実の世界の「あなた」です。その点どうぞ、お忘れなく。ところで、しかし、その子どもが生きている世界の歴史を思えば、その子にとっては、突然現れた見知らぬ他人である「あなた」を、親の都合があるにせよ、すぐに「お父さん」とか「お母さん」あるいは「パパ」とか「ママ」とか呼ぶことを強いられることが、如何に無理なことであるかを、「あなた」は覚らなければならないでしょう。子どもが、亡くなったあるいは離婚して去っていった親に対して、ある親しみとか懐かしみの感情とかを抱き続けていることは、そのままに認めて、その子どもの、そのような感情に現れているその子どもの人間的な暖かさと良さこそを認め、それと共に、新たに共に生活する人間としてのあなたとの新しい関係を作ることを、子どもと一緒に明るく始めることこそ、「子ども『と』出会う」ことなのではないでしょうか。それを、「この子は、私に少しも懐こうとしないのだから」などと言って、子どもを叱り付けたり、意地悪したり、折檻したりして、子どもの心を踏みにじり、子どもに偽りの「懐いた様子」を取ることを強いたりすることが、子どもの真実の心を無視したまったく愚かな行いであることは、あまりにも明らかではないでしょうか。そのようにあなたに「懐くこと」に最大の価値を置いて、子どもに強いることのなかに、実は、再婚した相手との不安定な関係、そしてそこから生じる、あなたの心の世界の不安が隠されているのです。そのあなたの不安を解消することを、あなたは、いたいけな子どもに強いて求めていることになるのだ、と自己洞察すべきではないでしょうか。子どもが「懐かない」あるいは「懐けない」のは、むしろ当然なのです。その子どもの目に映ったあなた自身は、一体どのようであるのか、ゆっくりと距離と余裕をもって見ることが大切でしょう。子どもは、親を失った寂しさに、暖かさを求めているのです。そして、失った親に対する、現在の子どもの忠誠心は、むしろ、いつの日かあなたに心を許したとき、あなたとの真実の「出会い」を約束するものだ、との喜びと希望をもって、余裕をもって、その子どもの子どもらしい有りようをゆっくりと見守りたいものです。ふと、幸田文の『みそっかす』(岩波文庫)を思い出します。新しい継母を迎える幼い文さんに、学校の担任の女先生は、きっと気を利かせたつもりだったのでしょう、「幸田さんあなたうれしいことなのよ。新しいお母さんによく親孝行して」と言い、「せんのお母さんのことはきょうから忘れてね」と言います(同前書、八〇ページ)。しかし、たとえ、いかに幼い子どもでも、失った親への愛着は、「忘れてね」という一言で、すぐに忘れられるようなものであるはずはありません。一人の人間としての幼い子どもの心を尊重するなら、むしろ、そのような愛着を、無いものとして無視するのではなく、現実の愛着をありのままに認め、そこから出発するのが、賢い大人のありようと言うものではないでしょうか。以上のような点についての、継父あるいは継母としてのあなたと、実母あるいは実父としての配偶者との間で、心を開いて話あうことがきわめて大切でしょう。そして、そこでこそ、あなたと相手との間の人間的な「出会い」が生まれ、信頼感が育まれるのでしょう。

まったく同様なことが、学校でもしばしば起こります。子どもたちが前の学級担任に対する忠誠を示して、新しい担任となったあなたに反抗するとき、むしろ、子どもたちのそのような心のありようの良いところを認める余裕があなたにあれば、その子どもたちとの「出会い」の時もいずれは訪れ、子どもの一生にとって、意味深い「出会い」が、あなたとの間でも生まれる機会が与えられるでしょう。そして、最初は反抗の標的であったあなたも、前の学級担任と同様に、子どもたちにとっての「出会い」のよき相手として、子どもたちの記憶のなかに大切に留められることになるでしょう。前の担任に忠誠や親愛の情を示す子どもたちは、後の担任であるあなたにも、いつの日か、忠誠や親愛の情を示す子どもたちとなる可能性が大いにあるのです。その理(ことわり)を無視して、見知らぬ他人のあなたにただちに「懐け」などと命じて強いたりするのは、子どもの心のありようについてのあなたの無知とあなたの未熟な身勝手さ、「自己中心性」を露呈する以外の何物でもありません。むしろ、たとえば、子どもたちが慕っている前の担任の先生の話を子どもたちからよく聞くことで、子どもたちが望んでいる先生との「出会い」のあり方を学ぶことができるはずです。ここでも、継父や継母に求められるのと同様の、自己洞察が求められていることがわかります。子どもと共に大人であるあなたも育って行くのです。

「子ども『と』出会う」での「自覚の世界」は、このように、あなたが出会う子どもたちを媒介として、子どもたちにとってあなたがどのような存在であるかについての、あなたの洞察を深めることによって、さらに、あなた自身についての洞察、自己洞察を深める世界でもあるのです。自覚は、さまざまな形をとりうるでしょう。あなたの「子ども『と』出会う」が、あなたの一生の時間のなかでどのような意味をもちうるのかということの覚知の自覚、この子どもの一生の時間の物語のなかでもちうる意味の覚知の自覚、さらには、あなたとこの子どもを含めた人間たちの歴史、人類の歴史のなかで、あるいは、この広大無辺の宇宙の時空の中で、そのことがどのような位置を占めているのかということの覚知の自覚、……など、など、自覚の世界もまた、その内容は多層的で豊かです。志賀直哉の「ナイルの水の一滴」と題する次の文章は、そうした自覚の一つの境地を表しているのではないでしょうか。僕の好きな文章です。

「人間が出来て、何千萬年になるか知らないが、その間に数えきれない人間が生れ、生き、死んで行った。私もその一人として生れ、今生きているのだが、例えて云えば悠々流れるナイルの水の一滴のようなもので、その一滴は後にも前にもこの私だけで、何萬年溯ってても私はいず、何萬年経っても再び生れては来ないのだ。しかも尚その私は依然として大河の水の一滴に過ぎない。それで差支ないのだ。」（志賀直哉全集、第七巻、岩波書店、六四七ページ）

この広大無辺の宇宙での独自な唯一の存在であることの自覚をもち、たとえ自らに恵まれたものは貧しくとも、そのような唯一独自な存在としての誇りをもって生きて行くために、僕が自分で作った諺（ことわざ）があるんです。ついでにちょっと、聞いて下さいませんか。周知の諺「井の中の蛙、大海を知らず」を少し発展させたものです。

「井の中の蛙、大海を知らず。されど、井の中を知る。大海の巨鯨、大海を知る。されど、井の中を知らず。」（吉田章宏作）

もちろん、僕の名前を入れなきゃならない程、たいした諺じゃないんですが……、でも、僕は自分で気に入り、おおいに悦にいっています。これを唱えると、自分がたとえどれほどちっぽけで蛙のような哀れな存在でも、決していじけることはないんだと「自覚」できるからでしょうか。は、は、は……。この広い世界で、誰一人として、独自なその人だけの世界をもたない人は、存在しないのです。そして、ありがたいことに、僕もその一人です。そして、もちろん、あなたもそうです。そして、僕たちの目の前のこの子どもも……。なんと、この世界はすばらしいんでしょう。

「覚悟の世界」を訪れる

幼い日々の出来事の意味は、その時点では、幼い子どもには、わからないということがあります。しかし、その出来事そのものは、幼い子どもでも、よく覚えていることがあります。そして、それが、繰り返し繰り返し思い出されることがあるのです。さらに、思い出される度に、その出来事の意味が、今度は、その時々の目と心で、つまり、子どもの目と心だけではなくて、その時々の大人の目と心でも、繰り返し、新たにわかり直されることになるのです。ですから、子どもは、その時点での一人の子どもとしては、だますことができたとしても、子ども時代を生きているその人の一生を通じて、その人をだまし続けることはできない、と覚悟すべきなのです。子どもを、「その人の子ども時代をいま生きている人」としてとらえることの大切さは、そこにもあります。そして、そのようにとらえるなら、子どもを侮って、子どもに過ぎないのだからなどと、大人の狡猾さをもって、だまし操るのは絶対に止めるべきだ、ということになるのではないでしょうか。

たとえば、金井ふみ子の作品があります。幼い日の主人公を、その父はだまします。幼子は、そのとき、その意味を必ずしも、わかってはいません。しかし、のちに大人になったその幼子は、その出来事を思い出し、その意味を読み解いてしまうことになります。

「で、この頃は私は、どこへ行くにも母の袂にぶらさがってついて歩いていたが、叔母が来てからというもの、父は、私が母について出かけるのを妨げた。いろいろとすかして私を家にひきとめた。今から思うとそれは叔母に対する母の不安を取り除かせて自分たちの行為をごまかすためであったに相違ない。なぜなら母が出かけるとすぐ、父は私に小遣銭を握らせて外に遊びに出したからである。いや、むしろ追い出したからである。私は別に小遣銭をねだったのではなかった。だのに、父はいつもよりはたくさんの小遣をくれて永く遊んで来いというのだった。しかも母が帰って来ると父は、母にこういって私のことを訴えるのだった。『この子はひどい子だよ。わしの甘い事を知って、あんたが出かけるとすぐ、お小遣をせびって飛び出すんだからね。』」（金子ふみ子「父」、安野光雅、森毅、井上ひ

さし、池内紀編『幼かりし日々』筑摩書房、一九八八年、一九八ページ）

あなたに説明する必要はないでしょう。同居中の叔母と父とは、今日風に言えば、不倫の関係にあり、幼子は、父が母からその不倫の事実を隠す隠れみのとして利用されていたのですね。幼子は、その時点では、そのことの意味を必ずしも明確にとらえてはいませんでした。しかし、父に言われたことには、そのときすでに納得できない思いを抱いています。その場では、その不満を無言によって応えています。子どもに残されている抵抗の最後の武器は「無言」と「沈黙」なのです。しかし、その出来事の意味は、時を隔てて、その幼子が大人になった時、隠すべくもなく露わになってしまう運命にあったのです。

こう考えてくると、目の前のこの子どもと出会うに際して、この子どもを、ただ、「幼い子ども」として、だましたり、脅かしたり、苛めたり、煽てたり……、幼い子どもであるがゆえにのみ可能なひどい仕方で操って扱うことの、空恐ろしさに気づかないわけにはいかないでしょう。この子どもを、そのようなひどい仕方で扱うのなら、たとえ、周囲にそれを見ている大人が誰も居なくても、この子どもが大人になってその扱いを思い出し、その意味を読み明かしてしまうことになると、今の時点で覚悟すべきでしょう。「天知る、地知る、我知る、汝知る」です。将来とも恥じることのないような仕方で、この子どもに今ここで「出会う」ことを覚悟しなくてはならない、ということになるのではないでしょうか。それは、別の言い方をすれば、「子ども『と』出会う」の「明の世界」で生きることを自ら覚悟する、ということです。今ここで子ども時代を生きて居る「この人」が大人になったとき再び出会っても、僕たちは自ら恥じないですむような生き方をすることを、今ここで覚悟する、ということでしょう。

いやいや、そんな覚悟は、あまりにも消極的です。今ここで、「この子ども『と』出会い」、この子どもを「暗の世界」から導き出し、救い出して、「明の世界」へと導き入れ、子どもに明るい幸せをもたらし、いつの日か、この子どもが大人になったとき、その「出会い」を共に想起して、互いに喜びあおう、という積極的な覚悟をしてみてはどうでしょうか。しかも、その覚悟は、まさに「今ここで」実行に移されなければ、永遠に活かされないのです。今という時が、再びやって来ることは決してないのですから。

「覚の世界」を訪れ、巡り歩く

「覚の世界」とは、以上のようないくつもの下位世界を、さらに統合した、さらにいっそう豊かな世界です。

「きれいごとではすまない」。確かにそれにも一理あります。だが、そのように言ってそれですべてが尽くされ、「暗の世界」が現実のすべてであるかのように思い込むならば、現実はあまりにも貧しく、子どもはあまりにも不幸になってしまいます。人間はあまりにも不幸です。それに、「暗の世界」は、絶対に、現実のすべてではないのです。人間の生きる世界の可能性は、確かに、「明の世界」だけでは尽くされないかも知れません。が、しかし、「暗の世界」だけでも決して尽くされはしないのです。「明の世界」にも現実性と可能性があるのです。そして、僕たちが「明の世界」に生きるかどうかは、僕たちのありようによって決まるのです。あなたが、知覚し、覚知し、統覚し、自覚し、覚悟して生きるなら、「明の世界」を実現することができるのです。それがあなたの「覚の世界」です。

時間の展望を拡大し、過去に向かって、また未来に向かって、無限に延長してみましょうよ。そして、無限と永遠のなかの一時としての現在をとらえてみましょうよ。すると、今という時のささやかな幸せが、如何にかけがえのない貴重な時であるかということを、深く感じるようになるじゃありませんか。この広大無辺の宇宙の一隅に、この人類という、真にして偽、善にして悪、美にして醜、聖にして俗、明にして暗なる存在者が、この地球という類い希なる天体の上にたとえ一時にせよ存在したということ、そして、それぞれに喜怒哀楽を生きた、ということは、それだけですばらしいことじゃあないですか。そのすばらしさの歴史は、あなたの「子ども『と』出会う」、実にささやかな一つの目だたない、平凡な日常的な行為によって、さらに豊かに充実することになるのです。

それは、限られた時間の人生で、すべてが未完で、混乱して、ばらばらに引き裂かれてしまう「絶望の暗黒世界」、「暗の世界」だけではなく、何事もなく過ぎ去っていく「凡の世界」だけでもなく、しかし、非凡な「明」だけしか認めようとしない狭い「明の世界」だけでもない、「凡」と「明」と「暗」の豊かな統合から生まれるのが「覚の世界」なのです。

うらをみせおもてをみせて散るもみじ　良寛

今、あなたの目の前に立っているこの「子ども」、そして、この子どもとあなたとの「出会い」、そこで起こる「子ども『と』出会う」。そこに、あなたは、何を見るでしょう

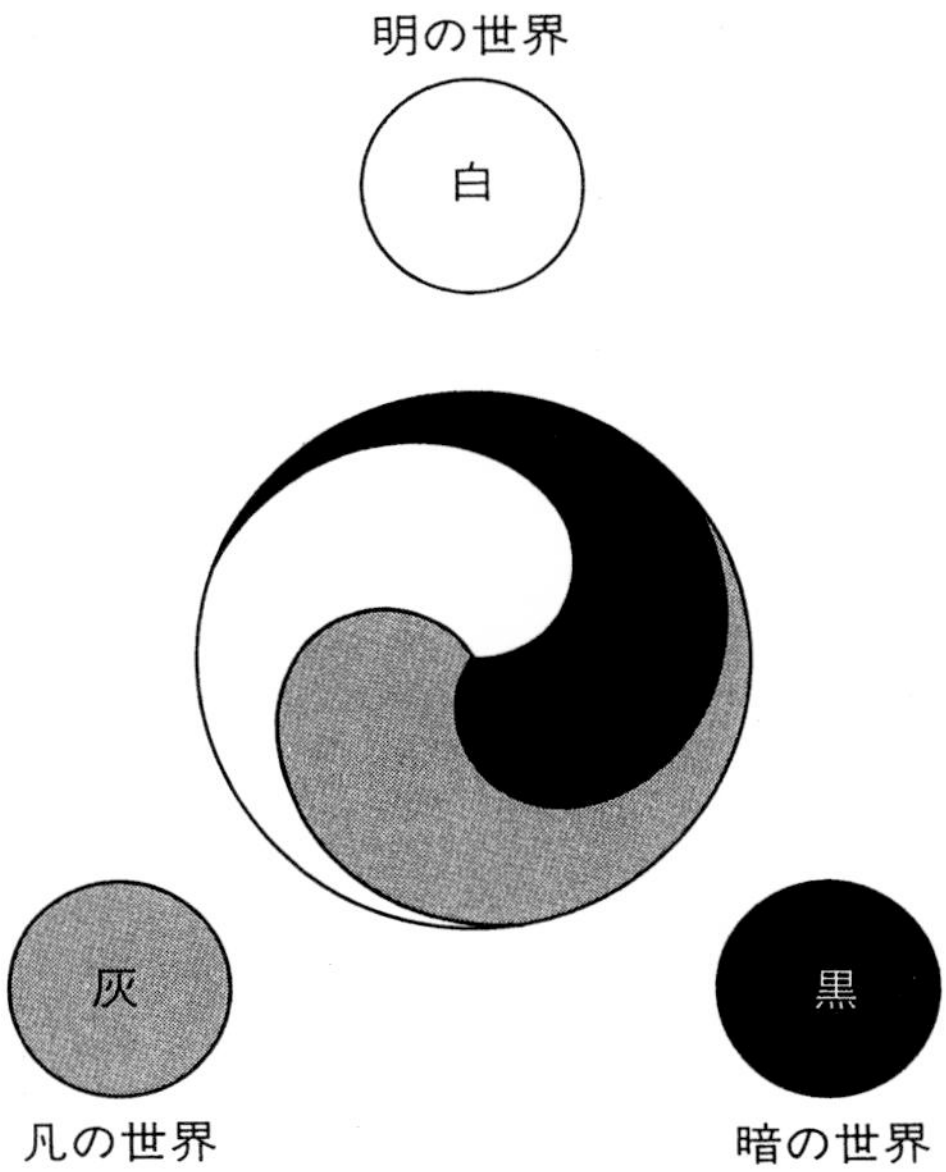

か。そして、その見ることを通して、あなたは、この子どもに、そしてあなた自身に、どのような豊かな幸せを、現実にもたらすことができるでしょうか。あなたには「覚」が求められています。この目の前の子どもの一生の幸せのために、そして、この目の前の子どもが、その一生をかけて出会う多くの人々の幸せのために、そして、実は、それと同時に、あなたのこれからの生を更に奥行き深く豊かにし、あなた自身の生に幸せをもたらすために。

僕たちは、「凡の世界」に始まって、「明の世界」、そして「暗の世界」と訪れ、ようやく「覚の世界」にたどり着きました。この旅の道程は、漢詩でいう「起承転結」に似ています。「子どもと出会う」の世界の「起承転結」の旅、それが「凡明暗覚」（ぼんめいあんかく）の世界の旅だと告げでもするように、お経のように唱和する声が響くように聞こえて来ます。「凡明暗覚、凡明暗覚、凡明暗覚、……」。

舞台の上のさまざまな「世界」訪問の旅は、ここで、ひとまず、幕が下りるようです。僕たちも、この短くも長かった旅の思い出を胸に抱いて、僕たちそれぞれの現実世界に帰還することにいたしましょう。

「一粒の砂のうちにも……」。では、くれぐれも、お幸せに。

幕

おわりに

「心で見なくちゃ、ものごとはよく見えないってことさ、かんじなんことは、目に見えないいんだよ」(サン＝テグジュペリ、内藤濯訳『星の王子さま』岩波書店、一九六二年、九九ページ)

さあ、これですべては終わりました。ご一緒に、劇場の外に出ましょう。戸外では、もう夜の帳がおり、すべてが暗くなっています。「暗い世界」です。それは、また、「いじめ」、「登校拒否」、「不登校」、「校内暴力」、「嘘」と「ごまかし」、「心身症」、「ノイローゼ」、「暴力事件」、「喧嘩」、「万引き」、「掻っ払い」、「放火」、「少女売春」、「強姦」、「レイプ」、「子ども誘拐」、「バブル倒産」、「児童搾取」、「児童虐待」、「母子心中」、「一家心中」、

「詐欺」、「収賄と贈賄」、「汚職」、「殺人」、「自殺」、……などなど、今日の数限りない暗い出来事に満ちた「暗い世界」でもあります。僕は僕の家路につきます。あなたはあなたの家路につき、あなた自身の世界、日常生活世界へご帰還なさるのでしょう。あなたの現実の世界には、きっと、子どもとの、あるいは、子どもたちとの「出会い」が待っているのでしょう。

あなたの世界にもどって、明日の朝、「明るい世界」を迎えたとき、そして、あなたが、あなた自身で、現実に、子どもを目の前にするとき、あなたは、どのような思いを抱かれるでしょうか。

仮に、この世の中が、暗い出来事に満ちた「暗い世界」であったとしても、あなたとあなたの「目の前のこの子」との出会いは、あなたの力によって、「明るい世界」の「出会い」とすることができるのです。あなたの力によって、です。確かに、それは、取るに足らないささやかな出来事でしかないかも知れません。でも、たとえば、世の中の暗い出来事のすべてを、あなたの力で、直ぐにきれいに消滅させること、それは、たとえあなたに、どれほど力があったとしても、不可能です。しかし、しかし、です。あなたと目の前のこの子との「出会い」を明るいものに、そして、あなたの思い出を一生のものとするような「出会い」を、この子『と』共に生み出すことは、まったく、あなたご自身のお力で可能なことなのです。なんという、些細な出来事！　しかし、その何というすばらしさよ！

人間のこの世は、悲惨なことや残酷なこと卑俗なこと……などに満たされています。でも、その中で、歓喜に満ちたこと慈愛に満たされたこと高貴なこと……などもまた、生まれる可能性に満ち満ちているのです。さあ、私たちは、この世を、さらに暗い世界にすることに与するのでしょうか。それとも、より明るい世界を創りだすことに心からの喜びを求めて与するのでしょうか。どうです、私たちは、この目の前の子の澄んだ瞳に励まされて、光を求めませんか。

たとえ、今日の世の中が、「偽悪醜俗暗悲苦」に満ちていようとも、今ここで、「真善美聖明喜楽」に満ちた「子ども『と』出会う」を、あなたの目の前のこの子と共に、この世に生み出すことが、あなたにはできるのです。そして、その喜びの積み重ねこそが、この世を、暗い世界から明るい世界へ、と変えて行くことになるのではないでしょうか。

私たちは、つい「芸術は現実を真似する」と考えがちです。でも、「現実は芸術を真似する」とは、O・ワイルドか誰かの言葉でしたね。それにもまた、大いなる真実がありま す。私たち人間は、夢を求め、夢を現実に変えようと願う生き物です。私たちが渇望する現実を創造しましょう。豊かな夢を描きましょう。夢と希望を取りもどしましょう。

あなたは、「暗い世界」に生き続けることを心から求めていらっしゃるのですか。いや、そんなはずはない。きっと「明るい世界」に生きることを求めていらっしゃるに違いない、と僕は信じます。

僕たちの旅は、虚構の「疑似現実体験としての旅」だと、かつて申しました。芸術と同様に、虚構についてもまた、一方では、「虚構は現実を真似する」とともに、他方で、「現実は虚構を真似する」とも言えるのではないでしょうか。

暗の故に明を求める。暗の故に明として生きることができる。暗を背景として、暗を超えて、明を生き、明を創造する。その小さな、実にささやかな一歩を、あなたの目の前のこの子との「出会い」の中で、今ここで、歩み出しませんか。

ドストエフスキーは、あの『作家の日記』の中で、こんなことを書いています。

「われわれは子供を矯正しなければならない、と君は言うかもしれない。が、聞きたまえ、われわれはおのれを子供より高しとしてはならない、われわれは彼らよりも劣っているのである。もしわれわれが彼らをよくするために、何かを教えているとすれば、彼らもまたわれわれに多くのことを教え、ただ彼らと接触するということ一つだけで、すでにわれわれをよくしている。彼らはわれわれの間に現れるばかりで、われわれの心を人間らしくする。それゆえ、われわれは(彼らに何かを教えることがあるにしても)、彼らを尊敬し、彼らの天使のような相貌や、無邪気さに対して、——よしんば彼らの中に何かよこしまな習癖があるにせよ、彼らのがんぜなささや彼らの感動すべき弱々しさに対して、尊敬の念をもって近寄らなければならない。」(ドストエフスキー、米川正夫訳『作家の日記(二)』岩波文庫、一五一ページ)

何というすばらしい言葉でしょう! 「子どもに対する尊敬の念」、そうです、幾度か出て来た「子どもへの敬意」こそが求められているのです。

僕のいま住んでいる岩手県盛岡の市の中央部に「石割桜」と呼ばれている巨きな桜の木があります。これは、写真でご覧のような桜の木です。この木が、自力で巨大な岩を真っ二つに割って、生命力豊かな桜の木として堂々と根を張り枝を伸ばしたのです。毎年、春には見事な桜の花を咲かせます。数百年前、一つの小さな桜んぼがありました。その小さな桜んぼが、ころころと転げて大きな岩の小さな隙間に紛れ込んだのです。そして、その小さな桜んぼが、時を経て、このような美しく逞しい大きな樹木となったのです。ですが、桜の木は何も言いません。でも、僕たちは、この桜の木の姿に、ある感動を覚えます。畏怖の念に打たれ、身も心も引き締まる謙虚な思いがいたします。無言の桜の木が、そのままの姿で、命の貴さや長い年月の厳しい風雪の試練の歴史を、僕たちに示してくれているからなのでしょう。その存在そのものが、無言で、私たち人間に、その豊かな思想を語りかけてくれるからなのです。

「ある日　木があいさつした／といっても／おじぎをしたのでは／ありません／ある日木が立っていた／というのが／木のあいさつです／そして　木がついに／いっぽんの木であるとき／木はあいさつ／そのものです／ですから　木が／とっくに死んで／枯れてしまっても／木は／あいさつしている／ことになるのです」(石原吉郎「木のあいさつ」)

「木は、そこに立っているだけで松であるとか桜であるとか無言のうちに自己を紹介し

盛岡市の石割桜

ているのだ。／人間もこうありたいという願望がこの詩にこめられていよう。」（西郷竹彦『名詩の美学』黎明書房、一九九三年、二三二―二三三ページ）

僕は、子どもの存在も、この「石割桜」のような木の存在と同じだ、と思うのです。子どもは、何も言わないかもしれない、いや、何も言えないかもしれない。しかし、ドストエフスキーが書いているように、「彼らの天使のような相貌や、無邪気さ」「彼らのがんぜなさや彼らの感動すべき弱々しさ」が、僕たちに、感動の心を呼び覚まし、「尊敬の念」をもって近づくことへと誘うのです。

私たちの人生における貴い「子ども『と』出会う」を大切にしたい、と思わないではいられません。今、あなたの目の前に立っているこの「子ども」、そして、この子どもとあなたとの「出会い」、そこで起こる「子ども『と』出会う」。そこに、あなたは、何を見るでしょうか。見ることを通して、この子どもに、あなた自身に、どのような幸せをもたらすことができるでしょうか。そして、現実にもたらすのでしょうか。

最後に、ご一緒に、もう一度、あのブレイクの詩を思い起こしましょう。

「一粒の砂のうちにも……」。そして、「微塵のなかに一切を見る」。

あとがき

この「あとがき」の場をお借りして、本書の表題のなかで、僕が説明しないで使っていた二つの言葉について、一言させて下さい。

「子ども」という言葉は、二義的あるいは両義的であることは、よく知られています。「子ども」には、少なくとも、(大人と小供という対比に現れる)「小供」の意味と(両親とその子供たちという対比に現れる)「子供」の意味の二つがあります。これは、どうも日本語に限らない事情のようです。詳しくは、国語辞典でお調べになってみてください。舞台上での「子ども」には、むしろ意図的に、この言葉の両義性を残しておいたつもりです。それから、「子ども」の年齢について一言。ドストエフスキーは「子ども」という言葉に、「年齢の操作をした」、と研究者は分析しています。つまり、彼の作品において、

「子ども」という言葉によって表される人物の年齢は、時により、幼く年少になったり、時には年長になったり変化する、というのです。僕も、それに倣った訳ではありませんが、「子ども」の年齢には、あまりこだわりませんでした。

それから、もう一つ、『と』という言葉は、「一方的に」ではなく「相互的に」、大人が「子どもと共に」、共生的に、共育的に、という意味を表しています。「明の世界」での「出会い」を願っての言葉です。

本書『子どもと出会う』を構想するに当たって、僕は、現象学的解釈学者P・リクールの思想から多くを学ぶことになりました。歴史学について、彼は、その著『時間と物語』の第四部「物語られる時間」の第二篇「物語の詩学——歴史・フィクション・時間」の、第五章「歴史とフィクションの交叉」の章で、「交叉」を「歴史のフィクション化」と「フィクションの歴史化」の両方向から解明しています。「虚構は現実を真似る」だけでなく「現実は虚構を真似る」を考えているわけです。その中で、犠牲者あるいは被害者の歴史の「最終的な倫理的動機づけ」が、「決して忘れないことが必要な出来事」を忘れないようにすることにある、と説いています。次の言葉に、僕はたいへん強い印象を受けました。「私は敗者の歴史というよりも、犠牲者（被害者）の歴史という語を選びとる。なぜなら敗者は、一部は、失敗した支配の候補者だからである。」（P・リクール、久米博訳『時間と物語Ⅲ』新曜社、一九九〇年、三四四ページ）。そして、「フィクションは恐怖に襲われている語り手に眼を与える。見るための、泣くための眼である」として、たとえば、アウシュヴィッツのような大量虐殺について、「死骸の明細な計算をするか、それとも犠牲者の伝説を語るか」という二つの選択肢を提示しています。フィクションは忘れえないもののために仕える、というのです。「けっして忘れるべきでない犯罪が存在し、彼らの苦しみがそれへの報復よりも、それを語り伝えることを求めている犠牲者たちが存在するのである。忘れまいとする意志のみが、こうした犯罪をもはや永久に繰り返されないようにすることができるのである」（三四六ページ）。「子どもと出会う」の世界を「学問する」についても、まったく同様のことが言えるのではないでしょうか。その学問の倫理的動機づけが問われます。子どもが苦しんでいる「暗の世界」を語り伝え、犠牲者としての子どもに眼を与え、言葉を与えて、犠牲者としての子どものこの世での苦しみを、これから永久に繰り返さないようにすることを動機とすることもありましょう。さらにそれを超えて、「明の世界」

を語り伝えることによって、これからの子どもたちにいっそうの幸せをもたらすようにすることをその学問の動機とすることもまたあるでしょう。そのような根本的動機を学問が明確にもつ場合に、その学問は、哲学者アーペルの言葉を借りれば「解放倫理実現」を自覚的に目指す学問となって行く、と言えるのではないでしょうか。ドストエフスキーの言葉にもあったように、子どもは、その弱さのゆえに、常に、犠牲者であり被害者であるように運命づけられている存在でもあるのです。犠牲者・被害者でありながらその苦しみを語ることのできない子どもたちに代わって、子どもたちの目で、子どもたちのために語ってくれる学問こそが、子どもたちのために求められているのだ、と僕は思います。学問は、子どもが犠牲者・被害者となる出来事を防ぎ、子どもに幸せをもたらすためにこそ、真剣に営まれるべきでしょう。無限とも思われる長い歴史の時間的展望で考えるとき、そのような学問の営みこそが、「因果分析科学」、「目的達成技術」、「人間理解教養」を超えて、「解放倫理実現」(吉田章宏『教育の心理』放送大学教育振興会、一九九五年、五二ページ)に向かうことができるのでしょう。そうした学問こそが、広大な宇宙の中に奇跡のように現れたこの人類社会で、弱いもの、弱い生き物たちと共に生きる世界に幸せをもたらす無数の営みとつながって行くことができるのです。

事実の歴史の重要性と並ぶ、フィクション(虚構)の重要性について、僕は確信するようになりました。今ここでの出来事における犠牲者・被害者としての子どもに代わって、子どもの目で語ることのできる学問が求められるのは、子どもは、今ここで、語ることができないからです。そして、今ここでの出来事は、時間を経ると、容易に忘れ去られてしまうからです。そして、そのために、今ここでの不幸な出来事と同じ出来事が幾度も繰り返されることになるからです。僕たちは、さらに進んで、不幸な出来事を未然に防ぎ、幸せな出来事が生まれることを助ける学問、そうした学問こそを望みたいものですね。

この本は、最初にもお断りしたように、誰も知らないめずらしい事実をご紹介しているという性格の書物ではありません。ショウペンハウエルは、名著『読書について』の中で、二種類の書物について語っていました。「著書は著者の思想の複製品にほかならない。ところで思想の価値を左右するのは素材、つまり著者が試みた思索の対象であるか、あるいは素材に与える形式、素材にほどこす加工、つまり著者が対象についてめぐらした思索であるかのいずれかである。」(ショウペンハウエル、斎藤忍随訳『読書について他二篇』岩波文庫、三四ページ)と。僕としては、この本では、どちらかと言えば、「素材と形式」のうちで、「形式」を重んじたつもりです。

この本の素朴な願いは、リクール流に言えば、「子どもと出会う」について、読者である「あなた」において、開幕以前にすでになされている「前形象化」を前提として、本書の提供する舞台の世界でその「統合形象化」を実現し、閉幕後の「あなた」の現実の日常生活世界での「再形象化」を祈る、という構造を実現することだ、とも表現できましょう。それは巨大な課題です。そのささやかな試みの一つとして、お受け取り頂ければ、うれしく思います。僕はただ祈るのみです。

僕が子どものとき読んだ懐かしい本に、宮下正美『少年科學　室内の科學旅行』(大日本雄辯會講談社、一九四一年、昭和十六年十一月二十八日発行)があります。この本は、遠くの世界ではなくて身近な室内を旅行しながら科学することへと導いてくれた、少年の日の僕にとって、楽しく夢のある本でした。いま僕は、あの本のことを思い出していました。僕たちの旅は、僕にとっては、子ども時代の世界への回帰と復活の旅であったのかもしれません。

最後になりましたが、岩波書店編集部の山田馨さんに心からのお礼を申し上げたいと思います。山田さんは、このシリーズで、私にこの本を書く機会を与え、いろいろと相談に乗り、貴重なアイデアを示唆し、辛抱強く仕上がりを待ち、そして、お忙しい中、盛岡の土地を訪れても下さいました。深く感謝しています。また、僕の目には見えないところで、いろいろお心配り下さっていた、同編集部の柿沼マサ子さんにも、お礼を申し上げます。ありがとうございました。

じゃあ、読者のみなさん、これで「僕たち」はお別れです。また、いつかご一緒に、旅に出かけたいものですね。さようなら。

新版『子ども と 出会う』に寄せる　あとがき

人びとの言っていることを聞くな。していることに注目せよ。

――ベルクソンの言葉のジャンケレヴィッチによる引用

私はこの言葉に惹かれます。その射程は、人間に関わる理論と実践の間を超え、学問と研究と理論、学問と生活と人生、それらの間の在り方にも及びます。「実践なき理論は空虚、理論なき実践は盲目」、「言行一致」、「不言実行」、「有言実行」の言葉も浮かびます。

本書は、初版『子どもと出会う』（岩波書店、1996）の複写復刻版としての、新版『子どもと出会う』（一莖書房、2021）です。

本書に託する将来への願いは、現象学の格率「事態そのものへ！」の、教育実践における現実化にあります。それは、科学主義の実証科学的研究に基づくマニュアルと指導書の作成への願いを遥かに超えます。教育実践者――父母、保護者、教育者、保育者、……、――と子どもが共に育つ「共育」体験における、生きた気づきを尊重し、自他の豊かな人間形成を促す覚醒への願いです。本書の学びは、現実世界の固い殻を破り、広く想像と虚構の世界に遊び、見るに堪えない醜悪で残酷な「現実」から目を逸らさずそれを直視し、高邁な理想を忘れず、明るい「可能性」の夢を描き、隠れた可能性と必然性への洞察力を獲得し、「覺」の世界を現実に生きるに到ることをめざす〈心の旅の学び〉です。

「子どもと出会う」場として「凡、明、暗」から「覺」への四つの虚構世界を、読者と共に旅するという夢は、わたくしの魂の旅でもありました。旧版の複数の読者から寄せられた、本書が「子ども」の見方を変えた、とのお言葉が私を励まし、復刻新版を刊行する決心に導きました。現実の〈暗の世界〉の邪悪と闘い、子ども達を保護する責任を担う教育実践者のご健闘を祈ります。

日本国の内憂外患、そして、世界の危機的情況、その現実をこれから生きて行く運命に在るあなたが、豊かな「覺」の世界に生き、「子ども」達と共に、人として美しく悔いのない生涯を全うなさいますよう、お祈りします。

復刻新版の刊行をご了解くださった旧版発行元・岩波書店に感謝します。

斎藤草子さまの一莖書房からの新版刊行を喜びます。ありがとう。

２０２１年秋

著者　吉田章宏

あなたが現実世界でこれから重ねる『子どもと出会う』旅への餞（はなむけ）として、お薦めしたい書物の著者名、書名、出版社名を、以下に記します。

1. 神谷美恵子『生きがいについて』みすず書房
2. 伊藤隆二『この子らは　世の光なり』樹心社
3. パール・バック 著、伊藤隆二 訳『母よ嘆くなかれ』（新版）法政大学出版局
4. ヘレン・ケラー 原著、岩橋武夫 監修『私の住む世界』三省堂
5. 中　勘助『銀の匙』岩波文庫
6. トルストイ 著、米川正夫 訳『イワン・イリッチの死』岩波文庫
7. ユクスキュル・クリサート 著、日高敏隆・羽田節子 訳『生物から見た世界』岩波文庫
8. 武田常夫『真の授業者をめざして』国土社

9．斎藤喜博『授業』国土社
10．林竹二・灰谷健次郎 対談『教えることと学ぶこと』小学館
11．B．ベルク 著、早坂泰次郎・田中一彦 訳『人間ひとりひとり：現象学的精神病理学入門』現代社
12．霜山徳爾『素足の心理療法』みすず書房
13．荻野恒一『現象学的精神病理学』医学書院（『現象学と精神科学』世界書院再販）
14．S．アドラー 著、シカ・マッケンジー 訳『魂の演技レッスン22』フィルム・アート社
15．U．ハーゲン 著、シカ・マッケンジー 訳『〝役を生きる〟演技レッスン』フィルム・アート社
16．吉田章宏 文・西川尚武 絵『現象学：絵と文で楽しく学ぶ大人と子どもの』文芸社
17．吉田章宏『教育の心理：多と一の交響』一莖書房（放送大学教育振興会初版）
18．吉田章宏『ゆりかごに学ぶ：教育の方法』一莖書房（放送大学教育振興会初版）
19．吉田章宏 著、徐悫・刘秀梅 翻译『两代人的沟通』内蒙古大学出版社
20．吉田章宏『森の出口はどこか？』（一莖書房から公刊の予定、２０２２）

以上

表紙のデザインについて

表表紙を飾っているデザインは、「昼と夜（Day and Night）」と題された、オランダの芸術家 Maurits Cornelis Escher（1898-1972）の木版画です。私がこの木版画に出会い、M.C.Escher の名を初めて知ったのは、１９６５年米国イリノイ大学で大学院生として学んでいた時のことでした。恩師で、生物物理学者の W. Ross Ashby 教授の、電気工学・コミュニケーションのコース・「サイバネティクス」の講義・演習の教室、そこで、教授がこの木版画の写しを受講生に配布なさったのでした。Escher の作品を忘れられなかった私は、後に、"*The World of M. C. Escher*" Harry N. Abrams. New York, 1974 を入手しました。Escher の木版画には、深く鋭い思想と謎とが込められています。J.L.Locher の解説に、「昼と夜」は、他の一連の作品と同様、Escher が魅せられた洞察「無限の何事かを有限の内部で捉えることが可能である」（“something of infinity can be captured within the finite”）ことを表現している、とあります。このことは、数学者の岡潔博士が言う「自然と心」について、「自然の中に心がある」とする仮定と、「心の中に自然がある」とする仮定と、二つの根本的仮定を絵に描けるか否かという問いに繋がる、と私は思います。それは、また、唯物論と観念論の、また、自然科学と人間科学の、実践と理論の、分裂と調和の、「間」（あいだ）の問題にも、繫がります。私たちの木版画「昼と夜」に即するなら、昼と夜、光と闇、明と暗、善と悪、天と地、生と死、都市と田園、……、「凡、明、暗、覺」、などの「間」の、同一と差異、連続と不連続、断絶と調和、構造化と脱構造化、混沌と秩序、……、などを描くことにもなります。そう気づいて、Escher の絵を改めて熟視してみますと、具体と抽象、具体化と抽象化の「間」の連続と不連続まで、この木版画に表現されているとも見えて来て、快い興奮を覚えます。そうした興奮は、ささやかとは言え、本書中における、凡、明、暗、覺の四世界をつぎつぎに巡る旅でも、味わっていただけたら、と私は願っています。その願いから、表表紙を「昼と夜」で飾りました。

裏表紙を飾ったのは、『野菊』の色彩写真です。この写真に誘われて、１９４２年（昭和17年）国民学校で歌われた文部省唱歌「野菊」を思い出して、口ずさんでみてください。ご存じない方は、新たに愛唱歌にお加えください。それが著者の願いです。YouTubeで、歌手の鮫島有美子さんの歌唱を聞くこともできます。歌詞はこんな風です。

遠い山から吹いてくる
小寒い風にゆれながら
気高く清く匂う花
きれいな野菊うすむらさきよ。

秋の日差しを浴びて飛ぶ
トンボをかるく休ませて
静かに咲いた野辺の花
やさしい野菊うすむらさきよ。

さらに、三番があります、ご自分で見つけて、お楽しみくださいますように。

この歌を口ずさむと、子どもの頃の、やさしさに満ちた澄んだ気持ちの日々が、懐かしさを伴って蘇ります。と同時に、群馬県境小学校の教育実践者・女教師・岸みね子先生（-2008）の次の言葉が想起されるのです。「斎藤喜博先生は、境小（群馬県境小学校）で、目立たない仕事をこつこつする子供を、ほめることから出発したのでした。」

私は、「野菊」の歌の情感が好きです。数学者の岡潔博士（1901-1978）が説いた、「教育」と「独創」における「情緒」の大切さ、を思います（岡潔『紫の火花』朝日文庫、２０２０年）。

裏表紙のやさしい「野菊」を好きになっていただけることは、大きな悦びです。

9月2日を、新版の初版発行日に選びます。１９４５年9月2日は東京湾上の米国戦艦ミズーリ号の甲板で、大日本帝國の降伏文書調印式が行われた日です。

以上

《著者紹介》

吉田章宏（よしだ あきひろ）1995年東京大學名譽教授

1934年東京神田の生まれ。神田明神鳥居内の宮本町民家の二階で誕生した。

学歴：神田・橋本、渋谷・千駄ヶ谷、静岡・伊豆長岡、目黒・五本木、神田・芳林、の戦中戦後・国民学校教育。神田・今川、大阪・南、神田・今川、の戦後新制中学教育。都立日比谷高校卒。東京大学・理科一類入学、教育学部・教育心理学科卒業、東京大学大学院修士・博士課程修了。ブルフライト大学院留学生として米国イリノイ州立大学大学院、1967年Ph.D.学位取得

職歴：イリノイ大学研究助手、コーネル大学研究員、お茶の水女子大学助教授、東京大学助教授・教授、デュケイン大学フルブライト上級客員研究員。放送大学客員教授、岩手大学教授、川村学園女子大学教授、淑徳大学教授。2010年現役引退

非常勤歴：九州、岡山、大阪、京都、埼玉、群馬、都留文科、お茶の水女子、日本女子、中央、立教、大正、岩手の諸大学

研究主題：〈教育と授業〉の現象学的な心理学

現在：日本教育心理学会名誉会員

著書選：『授業の研究と心理学』国土社；『授業を研究するまえに』明治図書；『学ぶと教える：授業の現象学への道』海鳴社；『子どもと出会う』岩波書店；『教育の方法』・『教育の心理：多と一の交響』放送大学教育振興会；『ゆりかごに学ぶ』一莖書房；『絵と文で楽しく学ぶ　大人と子どもの　現象学』文芸社／共著；『教育の心理：多と一の交響』一莖書房

訳書選：『現象学的心理学』東京大学出版会／共訳、『心理学における現象学的アプローチ』新曜社、『一般心理学の基礎』明治図書／共訳。**中国語訳**：『両代的交通』内蒙古大学出版社

編集歴選：『授業』朝倉書店；『心に沁みる心理学』川島書店；『教授学研究』国土社／共編；『学ぶと教えるの現象学研究』／共編、*Journal of Phenomenological Psychology*/ 編集顧問。

その他、和文・英論稿 多数。

吉田章宏のホームページ：https://yoshidaakihiro.jimdofree.com/

子どもと出会う

2021年9月2日　初版第一刷発行

著　者　吉　田　章　宏
発行者　斎　藤　草　子
発行所　一　茎　書　房
〒173-0001　東京都板橋区本町37-1
電話 03-3962-1354
FAX 03-3962-4310

印刷・製本／アドヴァンス
ISBN4-87074-237-6 C3037　